Körper Weg zur Harmonie

GERHARD KLAPP

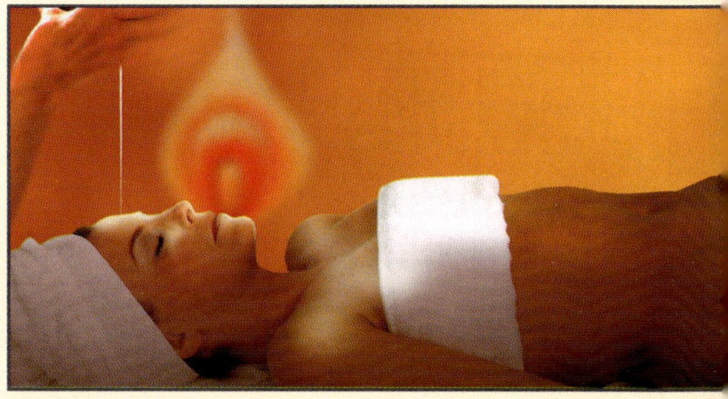

DAS AyvrVeda BUCH

Immer mehr Menschen
wollen in unserer modernen
Zeit Stress und Hektik die
Rote Karte zeigen.

Mögen Ihnen die Zeilen
dieses Buches neue Wege
zeigen, Ihr Wellness-Ziel
harmonisch zu erreichen.

Ihr
Gerhard Klapp

GERHARD KLAPP

DAS AyvrVeda BUCH

FÜR WELLNESS UND KOSMETIK

AYURVEDISCHE BEHANDLUNG
•
ACCESSOIRES
•
AYURVEDA ZU HAUSE
•
ERNÄHRUNG

Der Autor

Gerhard Klapp, Jahrgang 1949, lernte schon früh die Wechselbeziehung von Mensch und Natur, von Körper und Geist kennen. Aufgewachsen in ländlicher Idylle, wo Mensch, Tier und Natur harmonisch nebeneinander leben, war er schon mit 25 Jahren ein anerkannter Heilpraktiker, für den sich die Öffentlichkeit interessierte. Seine ungewöhnlichen Methoden fanden Interesse in vielen bekannten Zeitschriften und seine Patienten waren weltweit zu Hause. Dieses Wissen sollte über die Kosmetikkabine eine noch breitere Plattform für immer mehr Menschen finden. Heute arbeiten weltweit mehr als 10.000 Kosmetikerinnen mit der KLAPP BEAUTY & WELLNESS-Philosophie. Für seine avantgardistischen Ideen wurde er mit dem CREATIVE AWARD für Innovationen in der Kosmetik ausgezeichnet.

Inhalt

Herausgeber und Autor:
Gerhard Klapp
Gestaltung:
L'IDEE Schupbach
Fotos: Klapp Cosmetics,
L'IDEE, Sandra Krug
Reproduktion + Lithografie:
L'IDEE Schupbach
Druck: Mohndruck,
Grafische Betriebe GmbH,
Gütersloh

Printed in Germany
ISBN 3-00-009852-6

Dieses Buch beschreibt Möglichkeiten, wie Kosmetik und Wellness aus dem uralten Wissen des AyurVeda schöpfen können. Keineswegs soll bei physischen oder psychischen Leiden die Konsultation eines Mediziners ersetzt werden.

I. Orient trifft Okzident

II. AyurVeda löst den Knoten

III. Ayurvedische Behandlung

IV. Accessoires

Prolog

Keine Zeit, keine Zeit

Wie oft hören Sie diese Worte, wenn Sie jemanden zufällig auf der Straße treffen. Stress und Hektik sind die Faktoren, die unser Leben, unseren Tagesablauf und auch unseren Organismus bestimmen. Zeit wird zur kostbaren Mangelware und gleich einem Superhirn wollen wir am liebsten mehrere Dinge gleichzeitig tun — nur ja keine Zeit verlieren! Verlieren wir aber damit nicht die eigentliche Zeit zum Leben!

Als Heilpraktiker kenne ich schon fast 25 Jahre lang die Sorgen und Nöte meiner Patienten. Und als Beauty- und Wellness-Spezialist erfahre ich aus erster Hand, was Menschen bedrückt, wenn sie die Kosmetikkabine aufsuchen. Sie wollen sich alle von der unbarmherzigen Tretmühle des Alltags befreien, wollen wieder mal kräftig durchatmen. Denn immer mehr chronische Leiden haben einen psychischen Ursprung. Der Organismus macht schlapp, er kapituliert vor dem Diktat von Hektik und Stress, vor dem ständigen Kampf mit der Zeit.

Apropos Zeit! Noch ist es an der Zeit, umzudenken, sich neu zu positionieren und sich ab und an, aber immer öfter, etwas mehr Zeit für sich selbst zu gönnen. Heute ist dazu Ihr erster Tag!

Gerhard Klapp

KLAPP
WELLNESS
SPECIALIST

1. Orient trifft Okzident

Glückspillen
gegen Stress-Life

•

Aller Anfang
ist schwer

•

Die fröhliche Träne
im Indischen Ozean

•

Orient
trifft Okzident

Glückspillen gegen Stress-Life!

Das wäre fast der Stein der Weisen, einfach in Stresssituationen eine Pille einwerfen, die innerhalb kürzester Zeit Hektik und Zeitdruck in Nichts auflöst und zu einer rosaroten, sorgenlosen Zeit führt – womöglich für einen ganzen Tag oder noch länger. Sollte dieses Medikament bereits auf dem Markt sein, wird garantiert auch auf Wechselwirkungen und Kontra-Indikationen verschärft aufmerksam gemacht.

Opportunismus ersetzt den individuellen Lebensgenuss

Wir wollen es nicht zugeben, doch sind wir Gefangene unserer selbst. Wie treffen wir unsere Entscheidungen, wie und was kaufen wir ein, wie und mit welcher Marke kleiden wir uns, wer bestimmt unsere Ess- und Trinkkultur, wer unsere Mobilität, wer unsere Zeit...? Unendlich lang könnte diese Liste geschrieben werden, ohne Aussicht, sie jemals zu vervollständigen. Uniformität bestimmt unser Leben so, als seien wir Mitglieder einer Mannschaft, die zum Zweck der Wiedererkennung gleich auszusehen hat. Unsere Individualität bleibt auf der Strecke. Abgesehen von einigen Lebenskünstlern, die uns medienwirksam als die wahren Lebensgenießer präsentiert werden, tun viele das, was andere auch tun. Auf jeden Fall nicht die Dinge, die sie wirklich gerne machen möchten. Oder will dies auf einmal niemand mehr? Sind alle so glücklich, ein kleines, unbedeutendes, aber funktionierendes Rädchen in einem riesigen Wohlfahrtskonglomerat zu sein? Sich einfach nicht mehr artikulieren zu müssen, behäbig mit dem Strom schwimmen und ja keine eigene Individualität leben zu müssen. Vielleicht sieht dies so aus, wenn allmorgendlich die großen City-

Bahnhöfe abertausende von Menschen ausspucken, die wiederum im Pulk zum nächsten Verkehrsmittel eilen. Doch irgendwann, wenn alle Ströme sich verästelt und verzweigt haben, endet die Masse in ihrem wichtigsten Atom: dem Individuum! Jenes Individuum Mensch, das sich – wie auch immer – jeden Tag neu behaupten muss, neuen Herausforderungen gegenüber steht und seinen Lebensunterhalt zu bestreiten hat. Mit allen täglichen Sorgen und Nöten, mit Problemen, mit Frustrationen, mit Freude und Leid, mit Jubel und Trauer. Und diese Symptome oder Emotionen bestimmen die Gefühls- und Erlebniskurve eines jeden Tages.

Irgendwann endet jede Masse Mensch im Individuum

Kommen jetzt auch noch psychischer Leistungsdruck, Zeitnot und negativer Stress (Aufgaben, die einfach nicht zu bewältigen sind) hinzu, laufen Geist und Organismus aus dem Tritt. Niedergeschlagenheit, vegetative Leiden, Lustlosigkeit, Erschöpfung, Lebensunlust sind die vorprogrammierten Folgen. Von den lebensbedrohenden organischen Leiden erst ganz zu schweigen. Erinnern wir uns jetzt wieder an die anfangs erwähnten Glückspillen. Das wäre doch die Lösung. Oder?

Leistungsdruck kontra Gesundheit

Aller Anfang ist schwer

Es liegt nur an Ihnen!

Sie selbst sind der wunde Punkt in Ihrem Leben.
Drehen Sie in Ihrer Denkweise den Spieß einmal um und definieren Sie die Faktoren neu, die Ihr Leben oft zur Tortur werden lassen. Geben Sie zu, dass Sie selbst die erdrückende Zeitmaschine sind. Sie wissen, dass Sie für eine Aufgabe eine bestimmte Zeit benötigen und Sie wissen ebenso, dass Rom nicht an einem Tag erbaut wurde.

Einfacher gesagt als getan, werden Sie jetzt kontern. Wie soll ich Zeitdruck und Stress im Beruf vernünftig kanalisieren? Ich kann doch nicht am Fließband der anstehenden Arbeiten neue, eigene Zeitwerte definieren. Wenn Sie aber den Weg zur geistigen und körperlichen Harmonie gefunden haben, werden Sie umso mehr dieses Gefühl auf Ihre gesamte Lebensplanung übertragen. Zuerst in Ihrer Freizeit, dann in der zwischenmenschlichen Kommunikation und letztendlich auch in der Bewältigung des Alltags.

Leere Batterien laden sich schnell wieder auf

Nehmen Sie sich genügend Zeit für sich selbst. Lassen Sie sich verwöhnen und genießen Sie Entspannung und Erleichterung. Nach kurzer Zeit stellen Sie fest, wie schnell sich Ihre leeren Batterien wieder aufladen. Sie empfinden und genießen einen angenehmen Lebensstil, der sich in einem Zustand innerer Stärke zeigt. Sie leben in Harmonie und innerem Frieden. Sorgen und Nöte werden zweitrangig. Ihre Ausgeglichenheit hält Körper und Seele in Balance. Frische Energien meistern Leistungsdruck, Zufriedenheit steht hoch über Verdruss, Ausgeglichenheit ist die Siegerin über Stress und Hektik.

Lernen Sie AyurVeda kennen

Ein uraltes Naturwissen, verwebt mit dem Know-how über moderne Kosmetikfunktionen, öffnet Tore und zeigt neue Wege, dem Alltag zu trotzen. Ein harmonischer Geist in einem harmonischen Hautbild – die Symbiose ist perfekt mit AyurVeda in der Kosmetikkabine.

Abschalten, inne halten, alles drumherum vergessen – das ist eine hohe Kunst, die wir Menschen in unserer modernen Zeit verlernt haben. Dabei ist dieses Aufhören, dieses Entspannen für unsere physische und psychische Harmonie ausgesprochen wichtig.

Wir müssen zurück zu den Wurzeln von Tag und Nacht, von Arbeit und Erholung – ansonsten zerstören wir uns selbst.

Die fröhliche Träne im Indischen Ozean

Als ich ihn in Ceylon kennen lernte, war er schon lange ein geachteter Osei. Geboren und aufgewachsen im alten Batavia, dem Zentrum der früheren niederländischen Kolonie Ostindien, kam er in Ceylons Hauptstadt Colombo, um sein Wissen über AyurVeda zu verfeinern. Ronak Hanssens Adipa, mit AyurVeda groß geworden, hat trotzdem seine westlichen Wurzeln nie vergessen. In einen Einklang wollte er es bringen, das indische Wissen und das westliche Know-how – so, dass Menschen von einer bikulturellen Vielfalt profitieren.

Jetzt habe ich ihn in Kandy getroffen. In einer Luft, die gut gewürzt nach Zimt und Nelken riecht, nach Frangipani und nach Hibiskus, voller Kardamom, Estragon, Zitronengras, Sandelholz, Vanille und Safran. Düfte, die so zart und trotzdem intensiv meine Phantasien auf eine Weltreise schicken.

Die Wurzeln des AyurVeda

Unüberhörbar dröhnt aufgeregtes Trommeln durch die engen Gassen. Prächtig geschmückte Elefanten mit ebenso prunkvoll herausgeputzten Mönchen, die auf deren Rücken thronen, ziehen in langer Prozession an dicht gedrängten Menschentrauben vorbei. Skurrile Maskenmänner wirbeln hinter dem Zug, Zimbeln und Flöten wetteifern in ihrem Spiel, Peitschengeknall...

Eine andere Welt kann die Augen für die wahre Schönheit öffnen

Ronak Hanssens Adipa zeigte mir ein Land, das eine fünftausend Jahre alte Tradition in der Originalsprache Sanskrit pflegt: AyurVeda live, an den Wurzeln, an der Basis der Genese. Welch' landschaftliche Vielfalt hat mich beeindruckt, gischtendes Meer blitzt in der Abendsonne, windschiefe Fischerhütten mit Palmstroh gedeckt, wechseln ab mit schneeweißen Sandstränden. Verbranntes Land und dürres Reisig kontrastieren mit üppigen, tropischen Paradiesgärten.

Die Harmonie in der Natur überträgt sich auf unsere eigene Ausgeglichenheit

Wasserbüffel, die sich als braune Tupfer vom hellen Grün der weiten Reisfelder abheben. Kahlköpfige Mönche, erhaben blickend in ihren safrangelben Wickelgewändern. Stelzenfischer, die auf Pfählen hoch über dem Meer geduldig auf einen Fang warten. Kinder, die unter den Schatten mächtiger Bäume lesen lernen. Teestauden, die bis über den Horizont ganze Landschaften bedecken und deren Pflückerinnen in farbenprächtigen Saris riesige Körbe auf ihren Rücken tragen. Die Felsenburg Sigiriya, die wie ein Wolkenkratzer steil aus dem Dschungel ragt. Wo man geht und steht, kleine bis übermächtige Buddha-Statuen, die den Betrachter gelassen anlächeln. Ein Buch voller Bilder und Eindrücke, zum Verlieben schön, zum Vergessen zu

Von der Ausdauer
und der Geduld
stundenlang
ausharrender
Stelzenfischer
können wir lernen

schade. An einem Vollmondtag soll es vor 5000 Jahren geschehen sein, schreibt die Mahavamsa-Chronik. Da seien die Lehren des Erleuchteten, Buddha, nach Ceylon gebracht worden. Der Bettelmönch Arahat Matinda soll es gewesen sein, der diesen Beginn einer neuen Ära einläutete.
Und seine Nachfahren begegnen heute in ihren weißen Sarongs jedem auf Schritt und Tritt. Sie wollten nicht kolonialisieren, sie wollten auch keine neue Religionsstruktur schaffen, sie haben einfach ihr Wissen und ihre Methodik in ein neues Land gebracht. Und wie tolerant diese Invasion war, zeigt sich darin, dass alle Religionen Ceylons den mit über 2000 Meter höchsten Berg ihres Landes, den Adam's Peak, zu ihrem gemeinsamen Heiligtum erklärt haben.

Essenzen, ätherische Öle, unzählige Säckchen voller Gewürze, alles Stärkungstropfen für Geist und Nerven – Lebenselixiere, die an jeder Straßenecke zu haben sind. In diesem Land der tausend Vielfalten hat sich ein Wissen erhalten, aus dem wir für unsere Welt schöpfen können. AyurVeda und westliches Kosmetik-Know-how vereinen sich zu einer Kraft, die unserem Geist und unserem Leben neue Dimensionen zeigen wird.

Sie kommunizieren noch im reinen Sanskrit, die buddhistischen Mönche in Ceylons Klöstern. Und sie pflegen dort eine fast dreißig Jahrhunderte alte AyurVeda-Tradition. In ihrer überlieferten Sprache bedeutet Ayus das Leben und Veda das Wissen – eine der ältesten Wissenschaften unserer Welt, die sich um ein gesundes, ausgeglichenes und langes Leben bemüht.

Doch so wie bei vielem anderen uraltem Wissen, hat die Zeit auch bei AyurVeda ihre Spuren hinterlassen. Gerade in der Kolonialzeit, einer Epoche, in der neues Schulwissen gegenüber alten Überlieferungen dominierte, wurde es auch dunkel um die südasiatischen Lehren vom wahren Leben. Warum sollte es dort auch anders sein. In Europa, unserer okzidentalen Welt, verstaubten ebenso die klugen Weisheiten eines Philippus Aureolus Theophrastus, besser bekannt unter dem Pseudonym Paracelsus, der das Funktionieren des menschlichen Organismus im körperlichen, seelischen und geistigen Zusammenfluss sah. Einer Hildegard von Bingen, deren Kräutergarten schon im Mittelalter gegen viele physische und psychische Leiden Lösungen anbot, ist es auch nicht besser ergangen.

Rückbesinnung auf traditionelles Wissen

Doch irgendwann, wenn die moderne Technik ihre Grenzen erreicht und wir zu der Erkenntnis kommen, dass der Mensch keineswegs wie eine Maschine funktioniert, besinnt man sich auf Vergangenes. Glücklicherweise kann oft Naturwissen alter Kulturen reaktiviert werden. Die Kraft der Kräuter, der entspannenden Massagen und die Düfte der Öle sensibilisieren für eine Offenheit, die

Welch' eine Ruhe,
welch' ein Idyll –
Balsam für Geist
und Seele.

Oft müssen wir über
den Tellerrand unserer
Kultur und unseres Wissens
schauen, um uns von anderen
Traditionen die Augen
öffnen zu lassen.

Welt mit anderen Augen zu sehen: Zufrieden sein mit sich selbst, geistig und körperlich ausgeglichen sein und diese wohltuenden Emotionen über eine feine und gepflegte Haut nach außen strahlen lassen.

Das Wissen zweier Welten

Zum einen die Lehre der Doshas, die die Menschen, basierend auf den fünf Elementen Äther, Luft, Feuer, Wasser und Erde, in drei unterschiedlichen Typen, Zuständen und Emotionen sieht. Zum anderen das westliche Know-how über Transfer und Wirkung von Kosmetikpräparaten. Beides zusammen schafft ein völlig neues Gefühl körperlicher und geistiger Regeneration.

Glück und Harmonie im wirklichen Leben

Emotionale Streicheleinheiten und typgerechte Öle und Pflege-Essenzen werden dem Alltag eine ganz andere Lebensqualität spenden. Sie entführen in eine wohltuende Welt des Glücks und der Harmonie. Keine Scheinwelt, sondern wirkliches Leben.

Der Geist wird gestärkt, Blockaden werden gelöst, Fesseln werden zerschnitten – die Seele erfährt Balsam für den Alltag und eine zarte, geschmeidige Haut umhüllt den Körper.

Die Weisheit des Orients und das Wissen des Okzidents verschmelzen zu einem Wellness-Feeling, das einen Namen hat: AYURVEDA - PRESENTED BY KLAPP! Der Weg zu diesem Wohlfühl-Erlebnis ist ein ganz naher – in der Kosmetikkabine öffnet sich diese neue Welt, die aktiviert und den Alltag vergessen lässt.

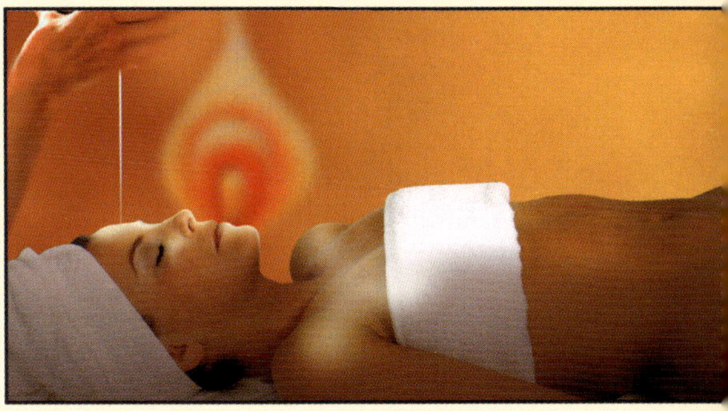

II.

AyurVeda löst den Knoten

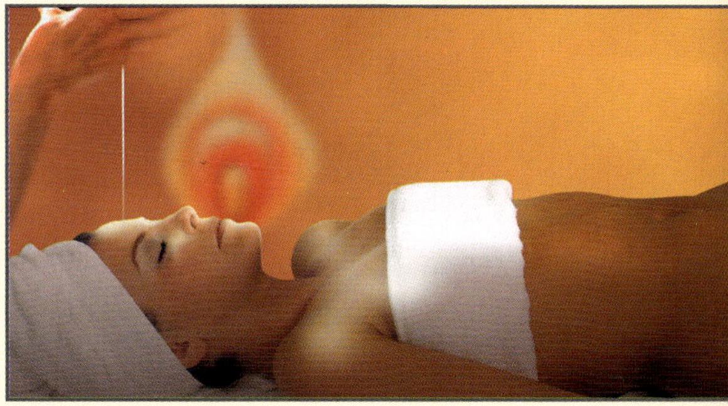

Fassen wir das erste Kapitel zusammen: Immer mehr Menschen leiden unter dem Dauerstress-Syndrom. Die Menge der Reizüberflutungen, die täglich auf uns alle einfließt, die Anforderungen im Beruf und auch in der Freizeit, die Doppelbelastung in Job und Familie, Computer-Crashs, Büro-Mobbing, cholerische Chefs, frustrierte Kollegen, nervige Kunden, arrogante Mitmenschen, Termindruck, jeden Morgen und jeden Nachmittag die gleichen Staus auf der Straße – stehen wir nicht permanent ‚unter Strom'?

Wann stehen wir eigentlich nicht ‚unter Strom'?

Aber was tun wir dagegen? Kann uns die asiatische Mentalität helfen? Können wir von diesen Menschen etwas lernen?

Fast jeden Sonntagabend präsentiert uns der Weltspiegel ‚in der ersten Reihe' ein Bild hektischen asiatischen Treibens. Hunderte Fahrräder starten schier gleichzeitig bei grüner Ampel, anonyme Massen wieseln durch Straßen, das Individuum scheint gar nicht mehr als solches zu existieren, es ist nur noch ein winziger Teil in einem riesigen Schmelztiegel.

Einerseits wieselnde Massen, andererseits ruhige, ausgeglichene Individuen

Das ist ist eine Seite der Medaille – jetzt zur anderen: Viele von uns haben schon einmal einen Traumurlaub auf Sri Lanka (Ceylon), auf Bali, in Thailand oder gar in Vietnam oder China erlebt. Und sie haben Einheimische näher kennen gelernt. Welch' Höflichkeit ist ihnen entgegen gebracht worden, die ruhige Mentalität ließ Probleme zu Problemchen werden. Ja, woher nehmen diese

Menschen diese Kraft, gelassen und ohne jede Hektik den Tag zu meistern? Eine Antwort findet sich in Ceylon: AyurVeda.

Die starken Kräfte der inneren Harmonie

Jahrtausende ist das ayurvedische Wissen in Südasien alt. Aus frühen Schriften hat es sich – obwohl die Kolonialisierung den Stempel westlichen Schulwissens aufdrücken wollte – über Generationen bis heute erhalten. Als fundamentales Therapiekonzept ist es im Laufe der Jahrhunderte in viele Teilbereiche zersplittert, doch in neuester Zeit haben sich genug Fragmente wieder zu einem ganzheitlichen Komplex zusammen gefunden. Worin liegt das Geheimnis dieses exotischen Phänomens?

Das Geheimnis der sieben Siegel

Unser Geist, unser Körper, unsere Seele, unsere Haut ist ein Buch mit sieben Siegeln. So wie einst Alexander der Große den Gordischen Knoten zerschlagen hat, um das damit prophezeite Weltreich zu erobern, so müssen wir Fesseln abstreifen und umdenken. Wir müssen die sieben Siegel lösen und lernen, mit uns selbst ins Klare zu kommen. AyurVeda wird uns dabei helfen, die Harmonie unserer Lebensenergien zu finden.

Erkenntnisse aus der ältesten menschlichen Kultur

Wann AyurVeda entstanden ist, weiß niemand. Vor einigen tausend Jahren muss diese Naturlehre aus dem Himalaya seinen Weg in den indischen Subkontinent angetreten haben. Ein auf natürliche Zusammenhänge gegründetes Wissen, das die Welt mit eigenen Augen sieht und praktische und sinnvolle Richtungen zu einer gesunden Ernährung und zu körperlicher und geistiger Lebensqualität aufzeigt.

Die Lebensenergien, die drei Doshas, sind der Kernsatz der ayurvedischen Lehre. Nach diesen drei Doshas – Vata, Pitta und Kapha – unterscheiden sich auch grundsätzlich drei Typen von Menschen.

Der Vata-Typ in der Kosmetik

Vata-Menschen sind sensible Wesen mit einem leichten Körperbau. Sie sind sowohl klein als auch von großer Statur. Sie haben keine Gewichtsprobleme, denn sie nehmen nur schwer zu.

Vata-Menschen sind die typischen Stressgeplagten unserer Zeit

Vatas sind unruhige, gehetzte Menschen, ständig voller neuer Ideen, Gedanken schnell versprühend, kreativ. Sie reden schnell, denn ihre Sprache muss mit ihren Geistesblitzen Schritt halten. Ihre geistige Hyperaktivität mündet oft in Schlaflosigkeit.

Vatas haben dünnes, mitteldichtes Haar, ihr Teint ist dunkel, die Haut trocken und kalt. Deshalb reagiert sie auf Kälte auch besonders empfindlich. Wechselhaftes, kühles Wetter und besonders Stress und Hektik hinterlassen – ohne spezielle Pflege – auf ihr Spuren: Die Haut zeigt Fältchen und Falten, sie altert frühzeitig.

Selbstdisziplin gegen Dauerfeuer

Nur konsequente Selbstdisziplin kann dagegen ankämpfen. Regelmäßige AyurVeda-Wellness-Massagen befreien von der täglichen Unruhe und bringen Harmonie in Geist und Körper. Eine spezielle Vata-Hautpflege mit viel Feuchtigkeitszufuhr füllt leere Depots auf, lässt die Haut wieder glatt und frisch aussehen und beugt vorzeitigen

Alterungserscheinungen vor. Je öfter, desto besser – und natürlich auch mit konsequenter Fortsetzung zu Hause.

Der Pitta-Typ in der Kosmetik

Pitta-Menschen zeigen ein ausgeglichenes Gemüt, können aber auch emotional aufbrausen. Ihre Sprache ist klar und präzise, fast druckreif. Sie sind logische Denker, geschäftig, intellektuell, erfolgsverwöhnt. Ihre Stimmungen schwanken nicht so schnell.

Pittas sind mittelgroß, haben einen durchschnittlichen Körperbau und sind gut proportioniert. Ihr Haar ist fein und weich, oft blond oder rötlich und neigt zu frühzeitigem Ergrauen und bei Männern zum Ausfall. Pittas haben einen gesunden, rosigen Teint, oft mit Sommersprossen, der gerade bei direkter Sonneneinstrahlung besonders empfindlich reagiert. Pittas mögen keine Hitze, sie werden dann unruhig und hektisch. Und das wiederum spiegelt sich auf der Haut als Irritation wider.

So hitzig wie ein Pitta werden kann, sollte die innere Harmonie und Ruhe nicht vernachlässigt werden. Eine AyurVeda-Wellness-Massage pro Monat verschafft den nötigen Ausgleich, beruhigt und fördert neue Energien für geistige und unternehmerische Aktivitäten.

Pittas brauchen einen beruhigenden Ausgleich

Für die empfindliche Pitta-Haut ist eine auf das Hautbild abgestimmte Pitta-Pflege unentbehrlich. Und diese Pflege sollte – besonders an sonnenreichen Tagen oder im Sonnenurlaub – keineswegs vernachlässigt werden.

Der Kapha-Typ in der Kosmetik

Kapha-Menschen sind methodisch und pragmatisch denkende Wesen. Diese typische Manager-Fähigkeit zeigt sich in hervorragendem Organisationstalent und in der Aversion gegenüber Veränderungen.

Jedes Dosha hat seine eigene Wesensart und Emotionalität. Vatas, Pittas und Kaphas unterscheiden sich auch im Erscheinungsbild ihrer Haut.

Die optimale Pflegelinie sollte unbedingt von einem Kosmetik-Profi koordiniert werden. Nur so bekommt jede Haut die Wirkstoffe, die sie zur vollen Entfaltung ihrer Blüte benötigt.

Kaphas neigen zu etwas mehr Ruhe

Kapha-Körper sind kräftig gebaut und können aufgrund ihrer Belastbarkeit gute Sportler sein. Auf ihre Essgewohnheiten müssen Kaphas besonders achten, sie neigen dazu, für ‚schlechte Zeiten' zu deponieren. Kaphas sprechen langsam und verständlich, spontane Emotionsausbrüche sind ihnen fremd. Sie haben ein ‚Elefanten-Gedächtnis', sind schwer aus der Reserve zu locken und wollen immer den Überblick behalten.
Kaphas verabscheuen kalt-feuchtes Wetter, es nimmt ihre Agilität und bremst ihren Antrieb. Kaphas schmückt dichtes, auch welliges Haar – oft in der Farbe Braun. Die Kapha-Haut ist hell oder blass, sie neigt sehr leicht zu fettender Oberfläche.

Kapha-Menschen sind geradezu prädestiniert, eine Ayur-Veda-Wellness-Massage in vollen Zügen zu genießen. Für sie ist das beruhigende Wohlfühl-Erlebnis eine regelrechte Fortsetzung ihres Alltags – denn Kapha-Menschen lieben es, verwöhnt und beachtet zu werden.
Und gegen ihre fettende Haut gibt es eine besondere Kapha-Pflege, die überschüssiges Hautfett abträgt, die Poren reinigt und die Talgproduktion zur Normalität anregt.

Die Doshas als Jahreszeit

So wie die drei Doshas die unterschiedlichen menschlichen Mentalitäten und Konstitutionen typisieren, sind sie auch den Jahreszeiten zuzuordnen.

Vata ist der Herbst, eine Zeit, in der sich die Natur wandelt. Die Blätter werden braun, trocken und fallen ab. Die Vata-Haut ist so wie die Herbst-Frühwinter-Jahreszeit:

trocken und kalt. Sie verlangt nach einer hohen Dosis an Feuchtigkeit. Ansonsten ist die Gefahr groß, dass sie frühzeitig altert, Fältchen und Falten sind dann nicht mehr zu übersehen.

In drei unterschiedlichen Jahreszeiten finden sich die Mentalitäten der Doshas wieder

Pitta symbolisiert die Zeit des Übergangs von Frühling zum Sommer. Hitze und auch Feuchtigkeit sind in dieser Zeit am größten. Die Pitta-Haut zeigt sich weich und warm. Sie neigt sehr leicht zu einem sensiblen, oft auch irritierten Aussehen. Eine besondere, aufmerksame Pflege kann ihre Oberflächenstruktur harmonisieren.

Kapha ist der Zustand der kalten Jahreszeit bis zum Frühlingsanfang. Feucht und kalt ist das Wetter während dieser Monate, ebenso feucht (fettend) und kalt fühlt sich die Kapha-Haut an. Sie zeigt wenig vorzeitige Alterung, sie wird vor zu frühen Fältchen und Falten bewahrt. Aber ihr glänzendes Bild nach außen muss auf Normalität reduziert werden.

Die Farben der Doshas

Vatas harmonieren mit fast allen Pastellfarben. Besonders warme, sanfte und erdige Farben wirken sich konstruktiv auf den Vata-Typ aus.

Farben schaffen positive Gefühle, Stimmungen und Emotionen

Pitta-Menschen, die von Ungeduld geplagt sind, gleichen sich am besten mit Kleidern aus Naturfasern aus. Grün, Blau, Violett und alle Pastelltöne wirken beruhigend und stressabbauend.

Kaphas harmonieren mit warmen Farben. Haben Kaphas wieder mal einen Tiefpunkt, wird ihre Psyche mit Rot oder Rosa wieder mobilisiert.

Die Kräfte elementarer Energien

Die grundlegenden Energien des AyurVeda schöpfen sich aus den fünf Elementen, die in ihrer differenten Konsistenz alles Materielle und Immaterielle aufbauen. Äther, Luft, Feuer, Wasser und Erde – in einer absteigenden Folge bewegen sich die Elemente von ganz dünner bis zu fester Zusammensetzung.

Die Elemente Äther und Luft – zusammen Wind genannt – bestimmen den Vata-Typ, Feuer und Wasser beeinflussen Pittas, Wasser und Erde dominieren beim Kapha-Typ. So wie die Reihenfolge der Elemente, werden die drei Doshas gelistet: mit Vata beginnend, über Pitta bis zum Kapha. Die Dosierung der Doshas in Mentalität und Konstitution bestimmt letztendlich die individuelle Zugehörigkeit.

Finden Sie Ihr mentales Dosha:

Körperbau-Anatomie

- A ☐ Schlank, groß
- B ☐ Mittelschlank, wechselhafte Gewichtszu- und -abnahme
- C ☐ Vollschlank, Gewichtsproblem, schwere Gewichtsabnahme

Haar-Zustand

- A ☐ Trockenes, lockiges und feines Haar
- B ☐ Dünnes Haar, schimmert rötlich, grau oder auch kahl
- C ☐ Kräftiges Haar, wellig, fettend

ÄTHER
LUFT
FEUER
WASSER
ERDE

Augenfarbe

A ☐ Dunkelbraun/grau

B ☐ Blau/hellbraun

C ☐ Blau/braun

Augenform

A ☐ Klein/tiefliegend

B ☐ Mittelgroß

C ☐ Groß/hervortretend

Stress-Reaktionen

A ☐ Angst vor Stress

B ☐ Überreaktion

C ☐ Nicht aus der Ruhe zu bringen

Schlaf-Zustand

A ☐ Oberflächlicher, unterbrochener Schlaf

B ☐ Kurzer, tiefer Schlaf

C ☐ Langer, tiefer Schlaf

Appetit

A ☐ Unterschiedlich

B ☐ Normal

C ☐ Wenig Appetit

Wetterneigung

A ☐ Mag keine Kälte

B ☐ Mag keine Hitze

C ☐ Mag kein feucht-kaltes Wetter

Auswertung mentales Dosha

A ☐ ____ VATA-Werte

B ☐ ____ PITTA-Werte

C ☐ ____ KAPHA-Werte

Entdecken Sie Ihr Haut-Dosha:

Haut-Zustand

- A ☐ Trockenes Hautbild
- B ☐ Weiche, empfindliche Haut, fettend, zart
- C ☐ Fettende Haut, glattes Hautbild

Ergebnis

- A ☐ **VATA-Typ**
- B ☐ **PITTA-Typ**
- C ☐ **KAPHA-Typ**

Vom Vikruti zum Prakruti

Vorab die Definition der beiden Begriffe, die aus der uralten AyurVeda-Sprache, dem Sanskrit, stammen: Vikruti ist der Überschuss an Ungleichgewicht, Prakruti ist der Idealzustand, der dem ausgeglichenen Leben entspricht.

Vikruti ist der gestresste Zustand

Die negativen Vikruti-Erscheinungen zeigen sich bei den jeweiligen Doshas oft klar und deutlich: Vatas sind ruhelos, hektisch, schnell und neigen zu einem trockenen Hautbild. Pittas reagieren auf Stress meist hitzig und vorschnell, ihr Gefühlsleben neigt zu wilden und aufbrausenden Emotionen und ihr Hautbild ist von zarter, aber auch sensibler oder leicht irritierter Natur. Kaphas hingegen sind die Ruhe selbst, die aber einen oppulenten Lebensstil genießen und deren Haut dick und oft fettend aussieht.

Diese Vikruti-Symptome gilt es zu erkennen und ihnen mit Streicheleinheiten und einer hauttypgerechten Pflege zu begegnen. Alle drei Doshas haben letztendlich die gleiche Aufgabe, ihr Leben so einzurichten, dass es ihrem Körper, ihrer Haut und Ihrer Seele gut tut. Vata- und Pitta-Menschen wollen ausgeglichen werden, Kaphas hingegen suchen Stimulans und Antrieb, ansonsten gleichen sie Langeweile mit Essen aus.

Prakruti ist das Ziel

Vata-Menschen profitieren sehr stark von der AyurVeda-Wellness-Massage. Deshalb sollten sie auch zu Hause so oft wie nur möglich Hände, Kopf und Füße massieren. Stressgeplagte Vatas können jede Woche ein AyurVeda-Erlebnis in der Kosmetik genießen, bei hoher Überspanntheit sogar noch öfter.

Pitta-Menschen sollten ihren Terminkalender nach einer AyurVeda-Massage vergessen. Deshalb ist es ratsam, den AyurVeda-Massage-Termin so zu vereinbaren, dass keine Zeitnöte das Erlebnis schmälern. Am besten gleich nach Hause und für einige Zeit ausruhen oder schlafen.

Kaphas erleben eine zügigere und kräftigere Massage als die übrigen Doshas. Denn Kaphas wollen aufgemuntert werden, der zur Trägheit neigende Stoffwechsel muss mobilisiert werden. Kaphas brauchen eine Portion Stimulans – AyurVeda kann damit dienen.

Ayurvedische Behandlung

III.

AyurVeda

Lebensqualität
aus uralten Werten

•

Die Praxis der
AyurVeda-Öl-Massage

•

Die Kultur
der Ölmassage

•

Reaktion auf
Körperkontakte

•

Die ayurvedische
Öl-Massage

Lebensqualität aus uralten Werten

AyurVeda – ist es das Zauberwort zur Lösung vieler unserer heutigen Probleme? Kann AyurVeda mit seinem uralten Wissen in unserer modernen Zeit etwas bewirken? In der Medizin werden darauf schon Antworten gegeben.

Doch wie kann AyurVeda zu unserem psychischen Wohlbefinden beitragen? Hat AyurVeda so viel Kraft, dass sich Lebensqualität zum Guten kehrt? Wie kann AyurVeda auf Wellness Einfluss nehmen? Diese Antworten wollte ich am Ursprung suchen.

Live in Sri Lanka (Ceylon)

11 Uhr vormittags, Flughafen Colombo. Sommer und Regenzeit. Nur 29 Grad, dafür aber 100 Prozent Luftfeuchtigkeit. Wie ein Schlag ins Gesicht auf der Gangway. Es ist die Zeit, in der sich die Natur erneuert. Und deshalb soll es auch die beste sein, AyurVeda anzuwenden. Eins mit der Natur, könnte sich auch der Mensch erneuern.

Eins mit der Natur, erneuert sich der Mensch

Kein Plan. Keine Termine. Ohne ‚Geheimtipps' in petto in einem exotischen Land, über dessen naturmedizinische Wurzeln ich mehr erfahren will. Und vor allem die Antwort wissen, ob und wie AyurVeda in unserer hektischen und unausgeglichenen westlichen Welt neue Türen zu Wellness öffnen kann.

BENTOTA AIDA HOTEL, 14 Uhr.

‚Die Natur schuf dieses Hotel für uns, da wir die Geheimnisse der ursprünglichen AyurVeda erfahren wollen, um Körper, Geist und Seele zu bereichern', lese ich im

BENTOTA
AIDA
AYURVEDA & HOLISTIC HEALTH RESORT
12 A, Mangala Mawatha, Bentota, Sri Lanka
Tel.: 94-34-71137-9 · Fax: 94-34-71140
E-mail: aida@visual.lk, aida1@sltnet.lk
www.tradenetsl.lk/aida/index.html
www.tradenetsl.lk/aida/indexger.html

deutschsprachigen Hausprospekt. Wunderschön liegt diese Hotelanlage an der Mündung des Bentota-Flusses, der in den Regenwäldern des Landesinneren entspringt und hier in den Indischen Ozean strömt. Die Architektur dieses Hauses oder, besser gesagt, diese Kombination von Pavillons, die auf verschiedenen Ebenen mit dem Zentralbau verbunden sind, ist einfach beeindruckend. Seitlich offene Gänge, kleine Patios, Steingärten mit fließenden Wassern. Säulen, hölzerne Balustraden und polierter Granit, so sagt man mir, sollen den typischen traditionellen Baustil Ceylons verkörpern.

Abendessen im Emporen-Restaurant. Vegetarische und ayurvedische Gerichte stehen auf der Speisekarte. Ich bin

neugierig und lasse mich in die Hotelküche einladen. Auf den ersten Blick gibt es keinen Unterschied zu ähnlichen westlichen Einrichtungen. Aber im Detail ist natürlich vieles anders. Gekocht wird in großen Tontöpfen, wie seit Generationen. Und so schmeckt es auch. Der erste Eindruck ist der beste, und die Liebe geht ja bekanntlich durch den Magen.

Umgeben von einem freundlichen Hotelteam, wird AyurVeda zu einem entspannenden Erlebnis

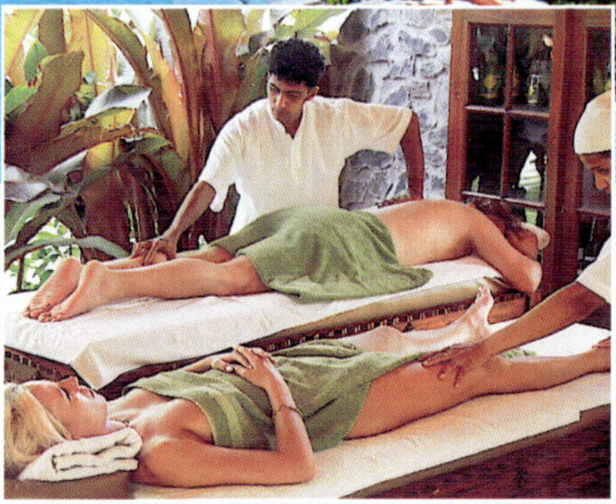

Einfühlen, verwöhnen, genießen

8 Uhr morgens. Gespräch mit dem leitenden AyurVeda-Arzt. Diagnosen. Bis jetzt habe ich als Heilpraktiker noch keinen großen Unterschied zu westlichen Arztkonsultationen erkennen können. Doch das wird sich schnell ändern, denn die ayurvedische Ganzkörpermassage ist angesagt. Unter einem tropischen Dach, neben Palmen und dem Kräutergarten werde ich, vielleicht eine, vielleicht auch zwei Stunden, im wahrsten Sinne des Wortes verwöhnt. Mit welch' Einfühlsamkeit, Sensibilität, Zart-

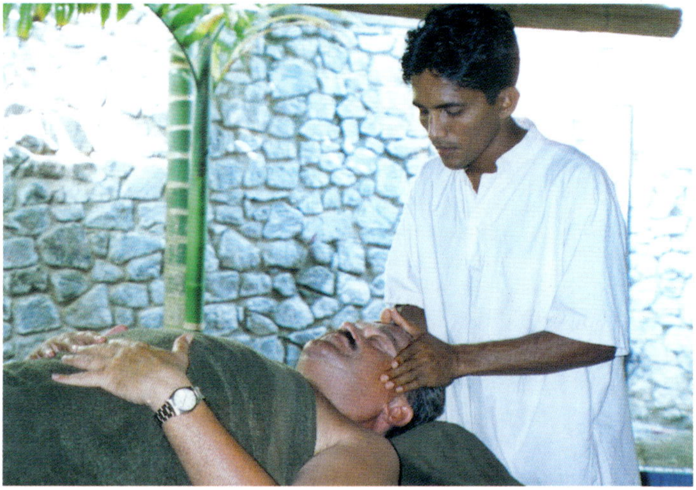

heit und Bestimmtheit im Wechselrhythmus – AyurVeda im traditionellen Ursprungsland zu erleben, ist ein Genuss für Körper und Sinne. Die exotischen Düfte, die orientalische Welt, die Freundlichkeit und Herzlichkeit der Menschen fließen regelrecht zusammen und werden auf das eigene Bewusstsein (oder Unterbewusstsein) übertragen. Sei es nicht AyurVeda, so wäre es zumindest ‚Urlaub in seiner reinsten Form'.

Zwei Einrichtungen, die feste Institutionen der AyurVeda-Kultur Ceylons sind: Das Blütenbad und die seit fast 3.000 Jahren aus alten Schriften bekannte Kräutersauna, deren Innenputz mit wertvollen Ingredienzien vermischt ist

Überraschungen als Selbstverständlichkeit

Und so geht es jeden Tag weiter. Immer wieder etwas neues. Langweilig wie ein monotoner Strandurlaub? Mitnichten. Angenehmes für den Körper, Sinnliches für den

Geist ergänzen oder wechseln sich ununterbrochen ab. Dazwischen relaxen in stillen Ecken, durch die ein erfrischendes Lüftchen weht, dahingleiten am Jacuzzi-Pool, Wellenbrecher am Strand des Indischen Ozeans sein.

Was bedeutet AyurVeda für unsere Welt?

Urlaubsland ist nicht gleich Heimatland. Erinnern wir uns an den guten Rotwein, wie er beim Sonnenuntergang auf Capri schmeckte. Und später daheim? Sie wissen ja!

Zwei Wochen Ceylon, zwei Wochen AyurVeda. In verschiedenen Hotels, mit Eindrücken in Hülle und Fülle. Eigenarten von Land und Menschen kennen gelernt, eine orientalische Kultur, die sich von unserer grundlegend unterscheidet, hautnah und bewusst erlebt.

Exotische Länder faszinieren und haben ihre kulturelle Eigenart.
Ohne weiteres kann dies auf unsere Welt nicht adaptiert werden.

Wir in unserer westlichen Welt haben einen anderen Lebensrhythmus. Wir denken anders, wir setzen andere Prioritäten. Wir haben andere Werte, ein anderes Lebensgefühl. Ich sage bewusst ‚anders' – damit ja nicht der Eindruck entsteht, das dies besser sei. Deshalb ist es gar nicht einfach, AyurVeda mit all seinen landes- und kulturtypischen Komponenten für die ‚alte Welt' zu adaptieren.

Lernen und verstehen

Das ayurvedische Wissen ist Ausgangspunkt für ein Umdenken, das unserem Körper und unserem Geist wieder etwas mehr Aufmerksamkeit schenkt. Erfolg, basierend auf Hektik, Stress und Druck, ist allein nicht alles – der harmonische Ausgleich zwischen Körper und Geist ist Lebensqualität. Das gilt es zu verstehen. Nehmen wir uns den Teil AyurVeda, der zu uns passt.

Die Praxis der AyurVeda-Öl-Massage

Ronak Hanssens Adipa ist in Batavia, dem Zentrum der früheren Kolonie Niederländisch-Ostindien, mit der Kunst und den Geheimnissen der asiatischen Naturheilkunde aufgewachsen. Schon früh lernte er im heutigen Jakarta die uralte Praxis des AyurVeda kennen.

Direkt vor Ort, in den AyurVeda-Zentren Ceylons (Sri Lanka), steigerte er sich zu einem Meister seines Metiers. Er kennt die wichtigsten Strömungen der ältesten Naturheilkunde unserer Menschheit und weiß, welche Behandlungen am besten auf die verschiedenen Dosha-Typen einwirken.

AYURVEDA - PRESENTED BY KLAPP
Symbiose okzidentaler und orientalischer Welt

Uraltes Naturwissen verbunden mit westlicher Kosmetik-Avantgarde

Gemeinsam mit Gerhard Klapp, der als Heilpraktiker und Wellness-Spezialist schon mit Naturheilern aus China und Bali die exotischen Wellness-Schönheitsmassagen CHI YANG und SUNG-REI geschaffen hat, wurde das Wissen des uralten AyurVeda mit westlicher Kosmetik-Avantgarde und modernen Lebensansprüchen vereint.

Das Ergebnis ist eine Wellness- und Schönheitsmassage, die in jeder Kosmetikkabine stimulierend, ausgleichend, aufbauend und gleichzeitig pflegend und regenerierend wirkt: AYURVEDA - PRESENTED BY KLAPP.

Ronak Hanssens Adipa, geboren in Batavia, dem Zentrum des früheren Niederländisch-Ostindien, lernte in der exotischen Welt Südasiens die uralten ayurvedischen Geheimnisse kennen und verbindet Tradition mit westlichem Kosmetik-Know-how

Die Kultur der Ölmassage

Ölmassagen sind so alt wie die menschliche Kulturgeschichte. Die ersten Hochkulturen in Indien und in Asien kannten sie als Heil- und Pflegebehandlung ebenso wie die Ärzte des alten Griechenland, die die medizinischen Grundlagen unserer okzidentalen Heilkunst schufen.

Ölmassagen wirken auf Geist und Körper besonders entspannend und erholsam. Massagen regen die Durchblutung an, sie reinigen und pflegen die Haut. Die wertvollen Öle der ceylonesischen AyurVeda-Massage spenden der Haut zusätzlich Nahrung und wirken über die Poren auf den Stoffwechsel ein.

Ölmassagen stärken und stabilisieren die Hautstruktur und schirmen ab gegen Schadstoffe, die durch die Poren eindringen können. Sie helfen auch beim Auslösen von Schlackstoffen, die danach ausgeschwemmt werden.

Immer mehr Menschen schätzen die stimulierende Wirkung der Ölmassagen – gerade in der Kosmetik. Fernöstliche Techniken, wie die CHI YANG- und SUNG-REI-Schönheitsmassagen, haben ihren festen Platz in der Kosmetikkabine gefunden. AYURVEDA - PRESENTED BY KLAPP wird ebenfalls in kurzer Zeit zu einer Selbstverständlichkeit in der Wellness-Kosmetik werden.

Reaktion auf Körperkontakte

Unsere Sinne reagieren intensiv auf Körperkontakte. Die Augen können drohen, durchbohren, traurig blicken – aber auch freudig, verträumt, verliebt. Blicke können wir erwidern oder ihnen ganz ausweichen. Wir können wegblicken, aber nicht weghören. Geräusche, Töne oder Laute kann das Ohr nicht abblocken, es nimmt jede Akustik wahr, auch die Stille. Für die ayurvedische Massage ist dies ein wichtiger Aspekt, um zur richtigen Zeit die angenehmsten Klänge auf die Sinne einwirken zu lassen. Und zu jeder Tageszeit empfinden wir Töne eben mit unterschiedlichen Emotionen.

Die Nase ist das Sinnesorgan für angenehme, aber auch unangenehme Düfte. Im AyurVeda öffnet die Nase mit der Aufnahme der Öldüfte die Sinne, sie bereitet den Geist auf die nachher folgenden Streicheleinheiten für Haut und Seele vor. Geruch und Geschmack sind Brüder – was gut riecht, schmeckt auch oft gut. Wie schnell läuft uns das Wasser im Mund zusammen, wenn uns der Wohlgeruch feiner Speisen entgegen weht?

Unser größtes Sinnesorgan ist die Haut

Last but not least gibt es noch unser größtes Sinnesorgan, die Haut. Mit etwa zwei Quadratmeter Fläche umhüllt und schützt sie den Körper. Sie ist aber auch Rezeptor vielfältigster Reize. Kälte, Hitze, Trockenheit, Nässe – diese Einflüsse können ihr oft so zusetzen, dass sie irritiert reagiert und frühzeitig Fältchen und Falten zeigt. Berührungen, Streicheleinheiten oder Massagen werden von ihr direkt ins emotionale Bewusstseinszentrum geleitet. Wir fühlen uns zufrieden, genießen Wellness mit Entspannung und regenerieren Körperenergien.

Mit etwa zwei Quadratmeter Fläche ist die Haut unser größtes Sinnesorgan

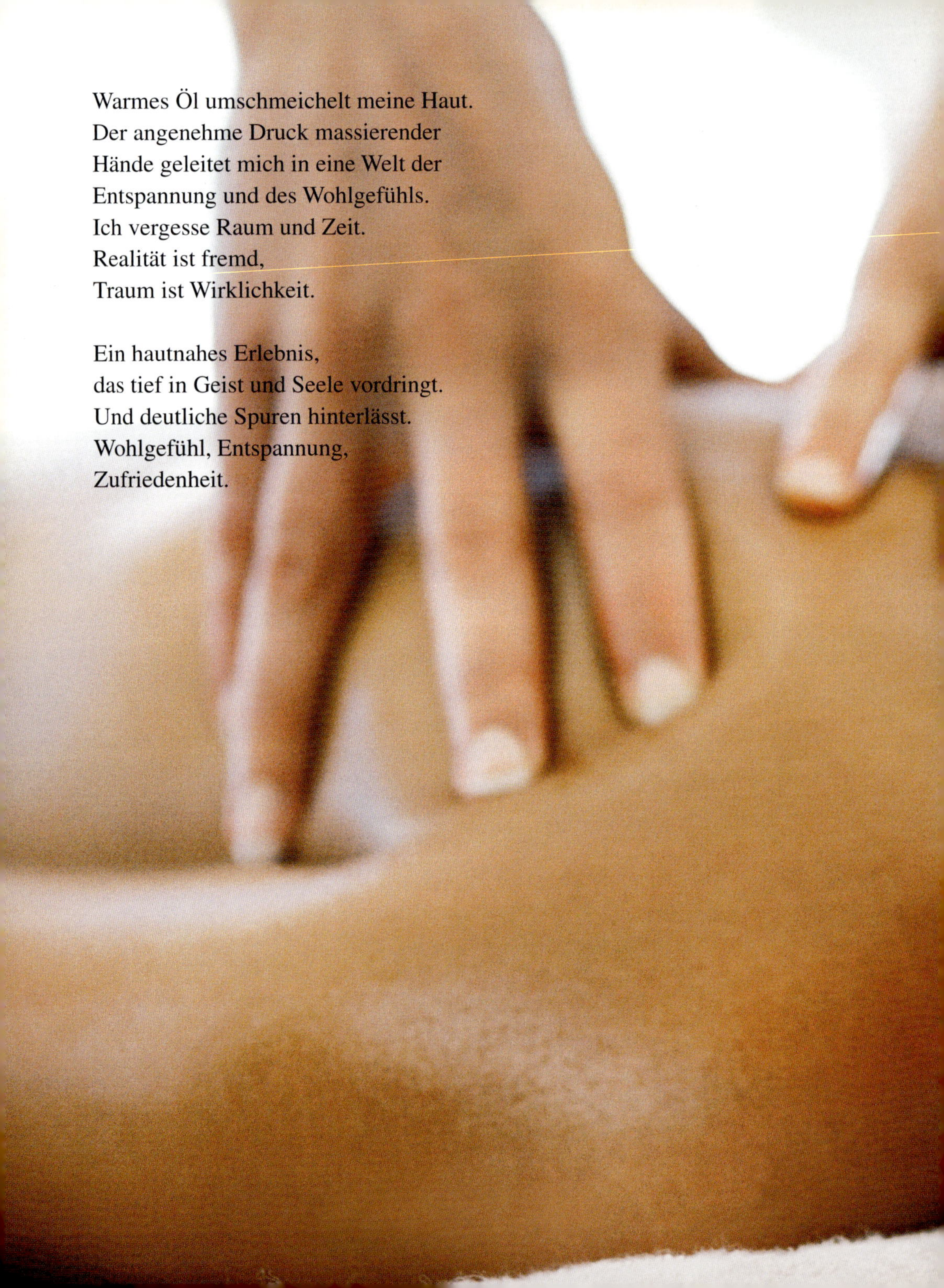

Warmes Öl umschmeichelt meine Haut.
Der angenehme Druck massierender
Hände geleitet mich in eine Welt der
Entspannung und des Wohlgefühls.
Ich vergesse Raum und Zeit.
Realität ist fremd,
Traum ist Wirklichkeit.

Ein hautnahes Erlebnis,
das tief in Geist und Seele vordringt.
Und deutliche Spuren hinterlässt.
Wohlgefühl, Entspannung,
Zufriedenheit.

Die ayurvedische Öl-Massage

Das Geheimnis des Glücks
ist die Balance einer inneren Heiterkeit.
Wenn das Herz lächelt,
antworten Liebe und Harmonie.

Die Atmosphäre des Raums ist die einer fernen, exotischen Welt. Zartes pastellfarbiges Licht wie kurz vor dem Sonnenuntergang. Musik, die in eine noch unbekannte Sphäre geleitet. Beruhigend, angenehm, vom Alltag lösend. Kein störendes Geräusch, kein Telefon, keine hastigen Bewegungen, Hektik und Unruhe haben an der Türschwelle eine unüberwindbare Barriere. So wird Wellness mit der AyurVeda-Ölmassage zu einem wahren, entspannenden und aufbauenden Erlebnis.

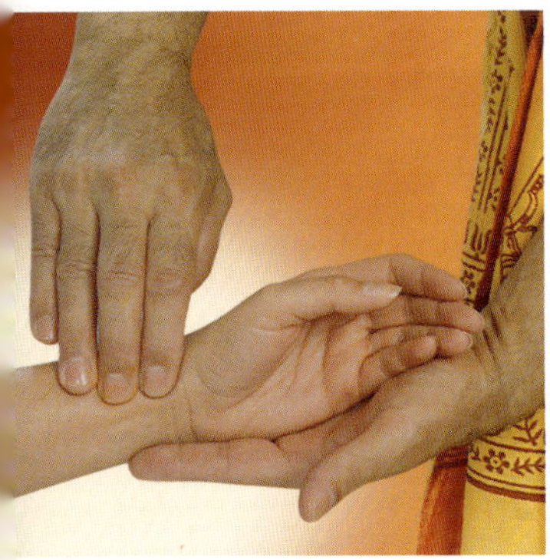

Die Dosha-Diagnose

Es ist immer das gleiche Ritual, mit dem AyurVeda in der Kosmetikkabine startet: die Diagnose des individuellen Doshas. Auf der KLAPPAYURVEDA ANALYSEKARTE wird ihr hautspezifischer Zustand festgehalten, zusammen mit der visuellen Hautdiagnose kristalliert sich das gegenwärtige Dosha heraus.

Die danach folgende Pulsdiagnose, aus der in der Kosmetik weder medizinische oder therapeutische Schlüsse gezogen werden, wird die Dosha-Diagnose bestätigen – bei Frauen am linken, bei Männern am rechten Handgelenk vorgenommen.
Denn die rechte Körperhälfte ist im AyurVeda die maskuline (liegende Mondsichel), die linke die feminine Zone (strahlende Sonne).

Über wertvolle Öle wird die Kraft der Natur von der Haut aufgenommen

Über eine weitere Methode der Dosha-Findung, die Bauchnabeldiagnose, wird an anderer Stelle in diesem Buch berichtet.

Der Körper wird geweckt

„Hallo Körper, wach' auf!" – ein Stakkato klopfender Hände auf den Rücken signalisiert Geist und Körper den Beginn der AyurVeda-Ölmassage. Alle Sinne werden regelrecht geweckt. Die Blutzirkulation soll stimuliert werden, Muskeln stärken sich und das gesamte Nervensystem erfährt einen wahren Aktivschub.

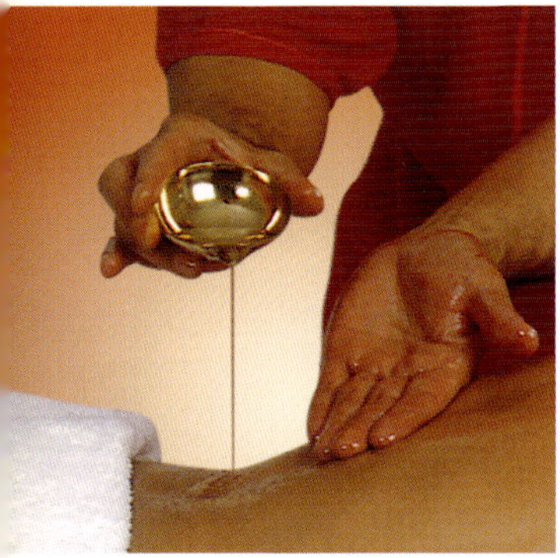

Von der Rückenkehle zu Hals und Fußspitzen

Aus einem kupfernen Kelch tropft warmes Öl auf die Rückenkehle. Hier, exakt am Gegenpol des Nabels, beginnt die AyurVeda-Ölmassage. Wo die Energieflüsse des Körpers ihre Quelle haben und wie bei einer Wasserscheide nach oben zum Kopf und nach unten zu den Füßen abfließen.

Den Energieströmen des Körpers folgend

Entspannt und bequem auf dem Bauch liegend, wird das warme Öl in kreisenden Bewegungen zuerst den Rücken hoch zum Hals massiert. Den Energieflüssen im Körper folgend, mobilisieren die erfahrenen Massage-Hände mit etwas Druck verborgene Reserven unter der Haut. Danach führt der Massageweg in Gegenrichtung über die Beine zu den Füßen. Schon jetzt, am Anfang der AyurVeda-Ölmassage, verspürt der Körper ein harmonisierendes Gefühl, das direkt auf die Sinne wirkt und von Kopf bis Fuß als besonders angenehm empfunden wird.

Vom Nabel zu Kopf und Füßen

Der Bauchlage folgt die Rückenlage, die Körper-Vorderseite darf sich jetzt der Wellness-Massage erfreuen. Im Mittelpunkt steht dabei der Nabel, der im ayurvedischen

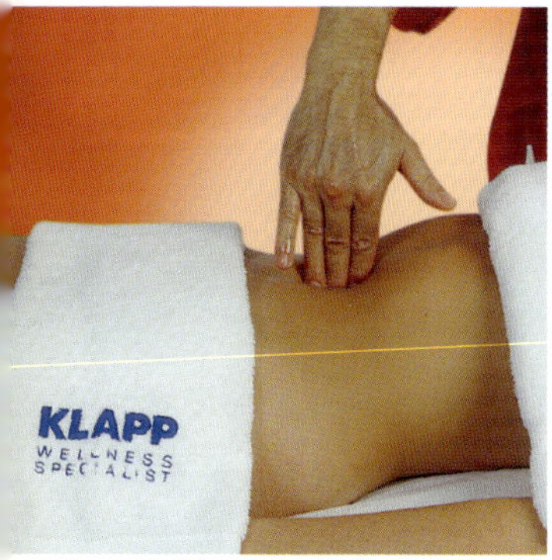

Verständnis eine zentrale Rolle inne hat. Wie aus einer Lebensquelle strömen vom Nabel die Lebensenergien über Bauch und Brust in den Kopf und in Gegenrichtung über Becken und Beine bis in die Füße. Erfahrene Ayur-Veda-Meister können deshalb auch das Dosha mit einem speziellen Dreifinger-Griff im Bauchnabel analysieren.

Streicheleinheiten für die Sinne

Das Öl tropft, wie schon auf den Rücken, jetzt auf Bauchpartie und und Nabel. Ein herrliches Gefühl, dieses sanfte wohlriechende Dahingleiten hautnah und emotional durch die Poren bis ins Körperinnere zu genießen. Zarte, doch an den ‚Marma-Punkten' bestimmende Griffe, wirken wie Streicheleinheiten auf Geist und Körper. Der Bauch wird zum Epizentrum des Wohlgefühls, Berührungen werden ohne Umwege in Entspannung und Traumerlebnis geleitet.

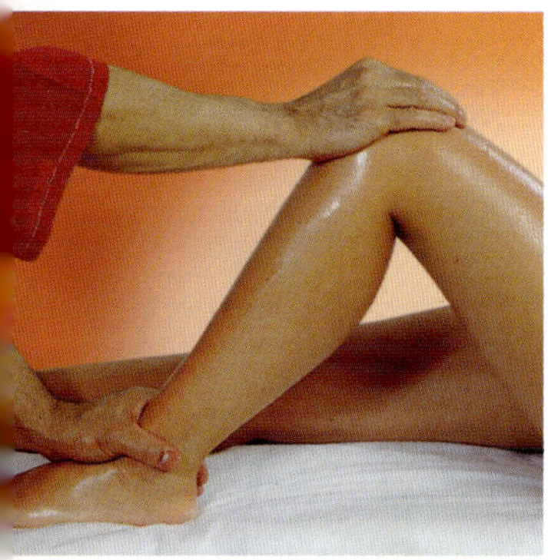

Hinab bis zur Fußmassage

Gleich einem meisterlich inszenierten Ritual fahren sanfte Massagegriffe den Oberschenkel hinab bis zum Knie, um dort in einem impulsiv verstärkten Höhepunkt an Druckreizen zu enden. Doch dann geht es weiter. Der Weg der massierenden Hände führt über den Unterschenkel zu den Füßen. Auf dem Fußrücken, der Fußsohle und den Zehen werden die Sprunggelenke aktiviert, die Laufreflexe werden stimuliert oder beruhigt. Dem einen folgt das andere Bein mit der gleichen Ölmassage.

Arme und Hände im Griff

So wie die Ölmassage die Energieströme von Beinen und Füßen stimuliert hat, geschieht dies jetzt mit den oberen Extremitäten. In der dritten AyurVeda-Position, sitzend, werden – beginnend an den Energiepunkten des Schulterblatts und der Achselhöhle – Oberarm, Ellbogen, Unterarm und Hände gleichmäßig, wiederum den Energieströ-

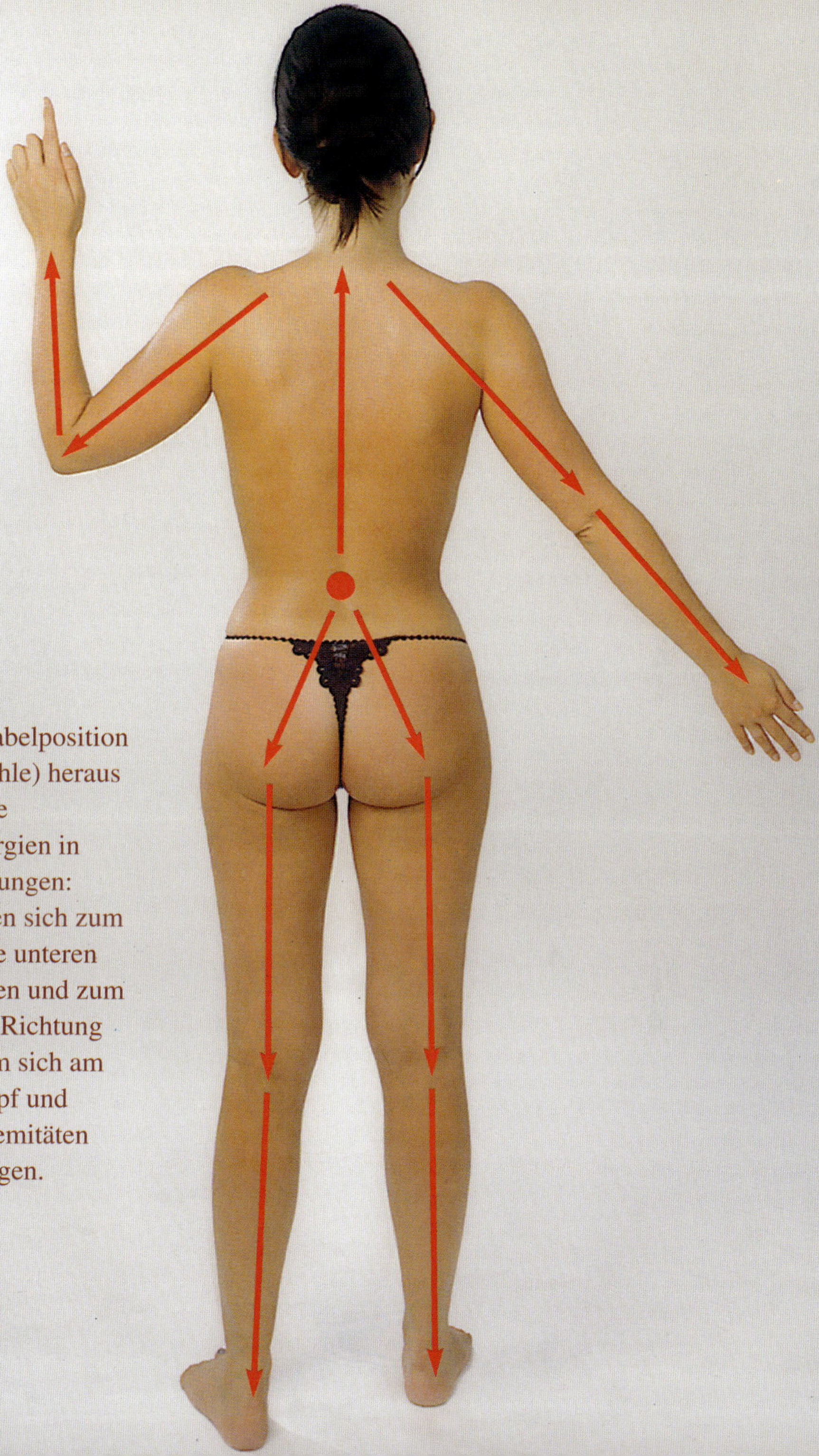

Aus der Nabelposition (Rückenkehle) heraus strömen die Körperenergien in zwei Richtungen: Sie verteilen sich zum einen in die unteren Extremitäten und zum anderen in Richtung Rücken, um sich am Hals in Kopf und obere Extremitäten zu verzweigen.

Sind es die exotischen Düfte,
die angenehme Musik oder
die Streicheleinheiten
meisterlicher Massagegriffe,
die dieses besondere
Wellness-Feeling schenken?

Sicher alles zusammen,
denn nur Harmonie kann
Harmonie spenden.

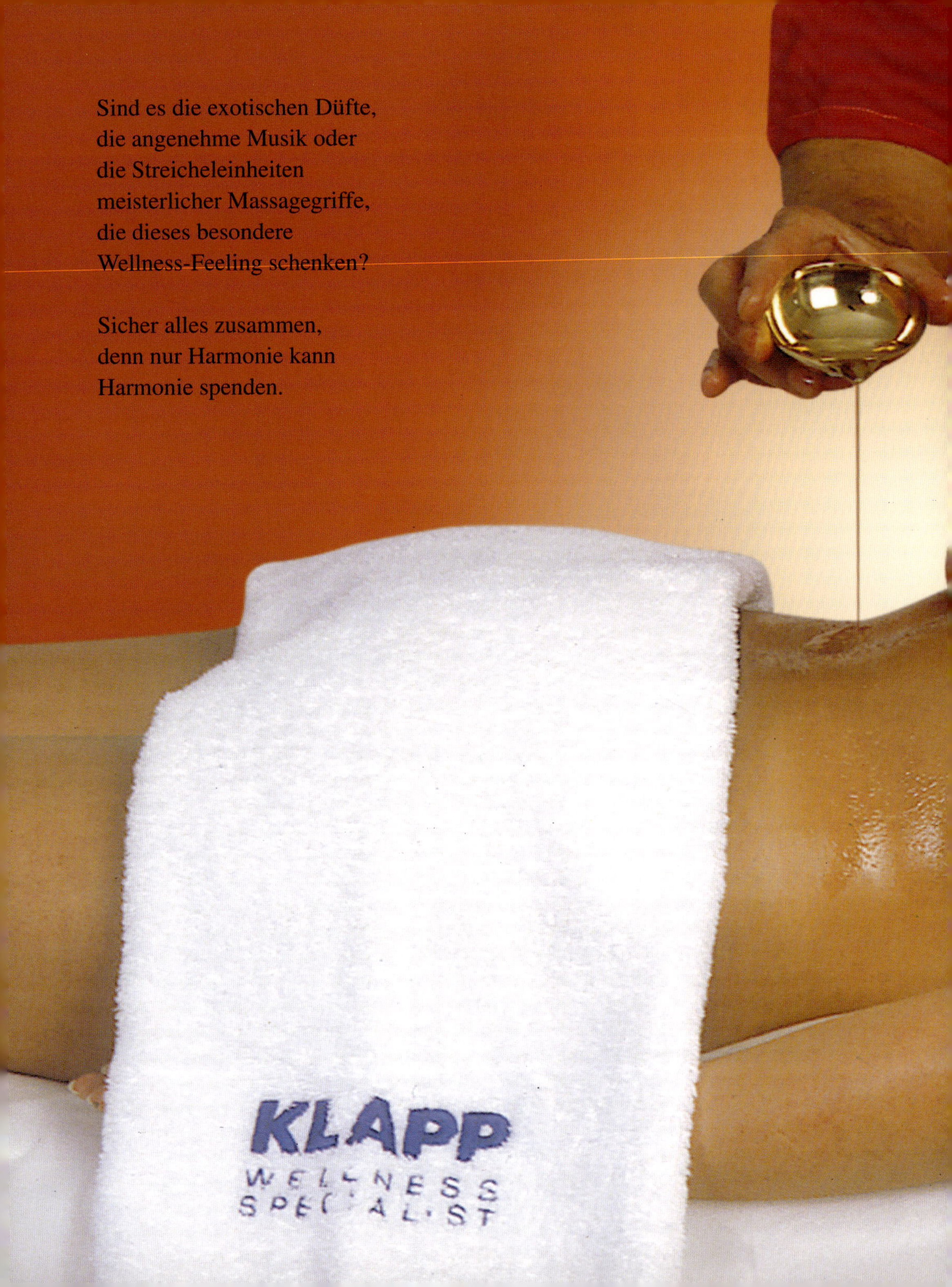

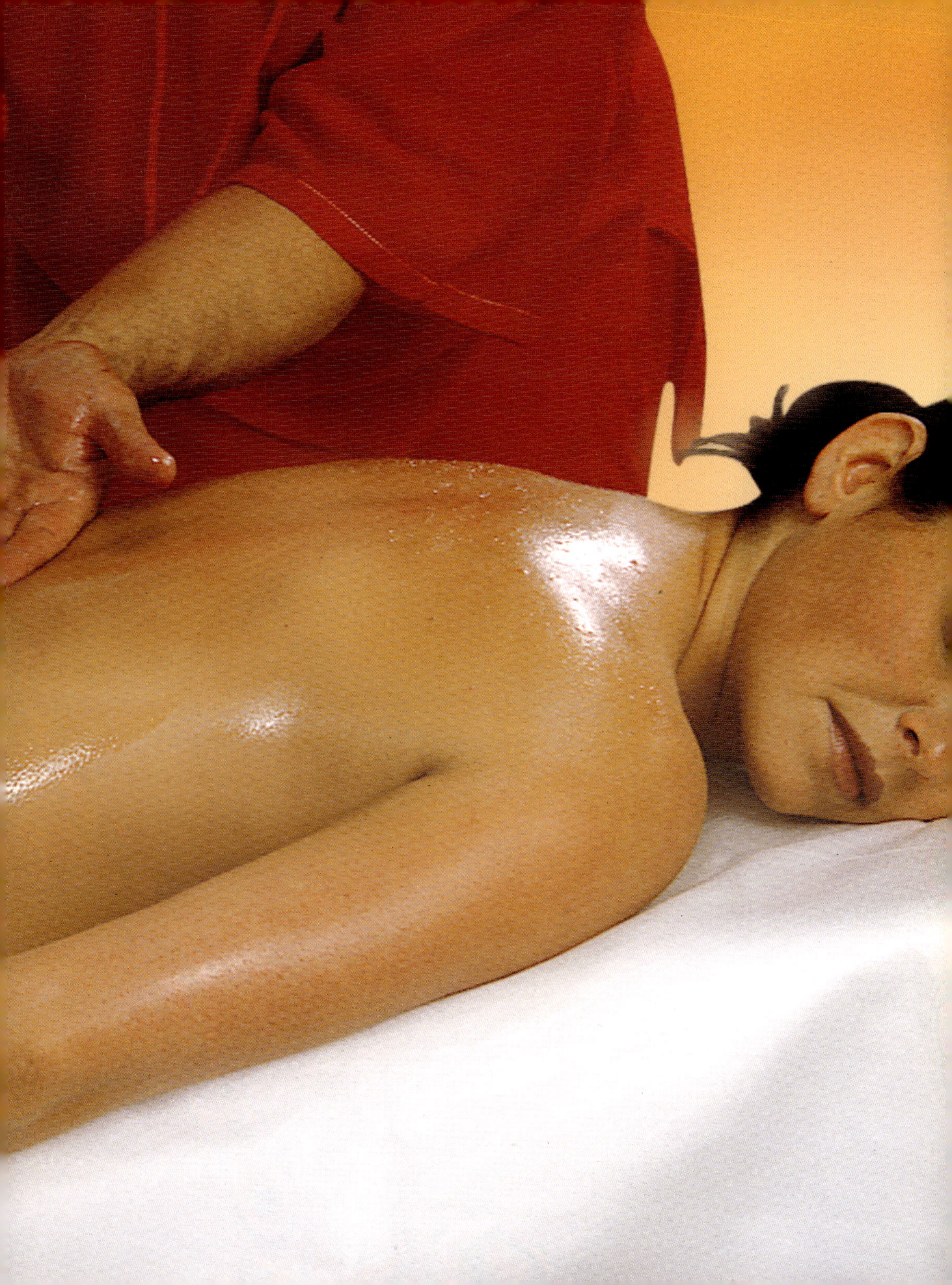

men folgend, mit Öl massiert. Ellbogen und Hände erfahren dabei, wie bei Knien und Füßen, eine intensivere Massage.

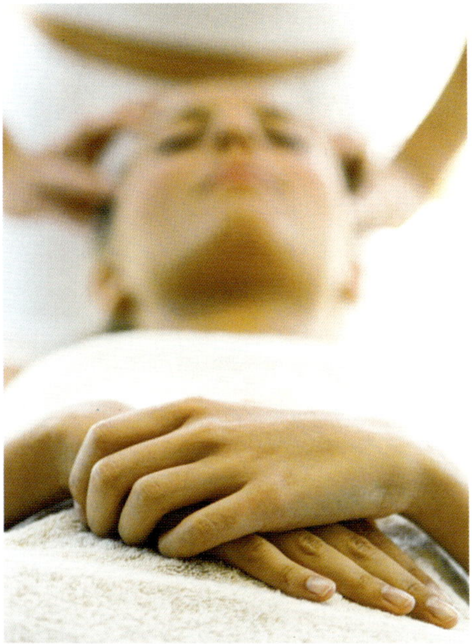

Gesicht und Kopf als Höhepunkt

Wie sich die Finger eines virtuosen Pianisten über die Klaviatur bewegen, werden als krönender Höhepunkt der ayurvedischen Ölmassage die Marmas von Gesicht und Kopf (in dieser Reihenfolge) stimuliert. Der kurze Ölguss auf die Stirn, das Verteilen des Öls mit einer fingerfertigen Leichtigkeit und die angenehme Berührungsmassage – alles in Allem ein Erlebnis, das den Geist relaxen lässt und die Sinne zu neuen Empfindungen inspiriert. Augen, Wangen, Ohren, Kinn, alle Gesichtspartien werden separat mit immer neuen Griffen und Berührungskontakten stimuliert.

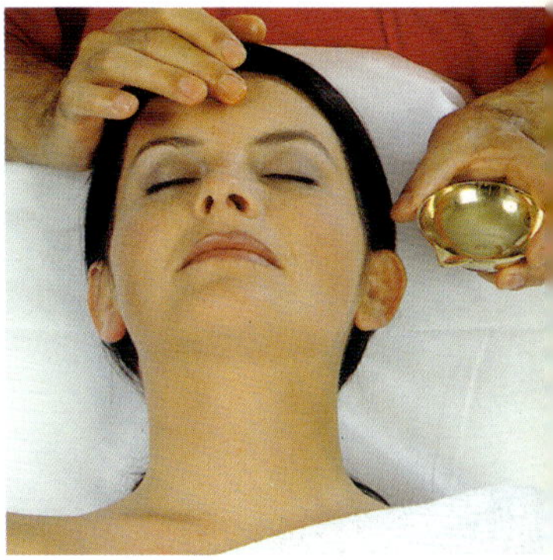

Im Gesicht und am Kopf erreicht die AyurVeda-Ölmassage ihren Höhepunkt

Die Kopfmassage ist wie eine Ganzkörper-Massage

Die Kopfmassage gleicht in ihrer Wirkung und ihrem Empfinden einer kompletten Körpermassage. Dort im Steuerzentrum des Körpers, wo Gefühle verarbeitet werden, Bewegungen gesteuert und alle vegetativen Funktionen ihren Impuls erhalten, wird die AyurVeda-Ölmassage als besonders intensiv, ausgleichend und entspannend verspürt.

Die Summe großartiger Erlebnisse

Zeit wird als solche nicht mehr wahr genommen, Raum ist keine messbare Größe mehr, Traum und Wirklichkeit verschmelzen auf emotionaler Ebene. Die AyurVeda-Öl-Massage ist ein Multi-Erlebnis mit vielen Wirkungen. Die Haut wird gereinigt und gepflegt, Lebensenergien werden stimuliert, Hyperaktivität wird ausbalanciert, der Geist wird von Blockaden befreit, die Seele wird gestreichelt, Sinne werden betört, und, und und... Unendlich lang ist die Liste des neu erwachten guten Lebensgefühls.

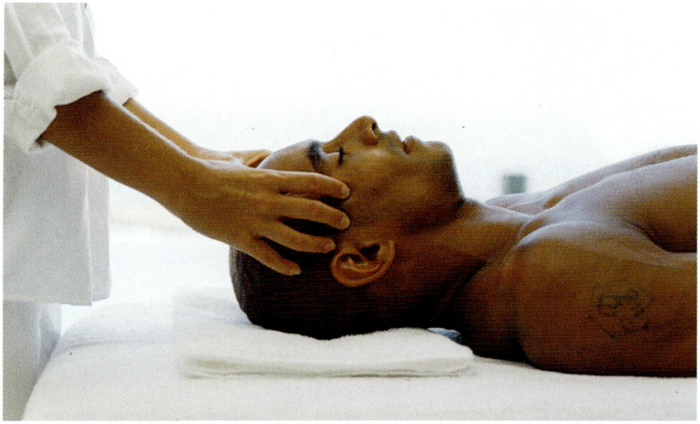

Wirklichkeit aus dem Wellness-Blickwinkel sehen

Ein aufweckendes Klatschen der vorher massierenden Hände holt die Realität wieder zurück. Aber es ist eine Wirklichkeit, die nach der AyurVeda-Ölmassage mit anderen Augen betrachtet und wahrgenommen wird. Viel gelöster als vorher, entspannter, ruhiger und zufriedener. Und voll mit neuer Energie.

ACCESSOIRES

IV.

Mit AyurVeda
Freude schenken
•
Chi Yang
Wellness Feelings
•
Atmosphäre
mit Duftlampen
•
Musik des Lebens

AyurVeda kennt keinen Egoismus. AyurVeda möchte alle Menschen in deren Gesamtheit geistig und körperlich in ein ausgeglichenes Leben führen. Und dieses Leben großzügig und bewusst erleben lassen.

Machen Sie anderen Menschen, Ihrer Familie, Ihren Freunden oder Verwandten eine besondere Freude mit einem AyurVeda-Geschenkgutschein. Für eine Wellness-Ölmassage, die zu einem unvergesslichen Erlebnis wird.

Sie verschenken Freude und werden Harmonie und Dankbarkeit ernten.

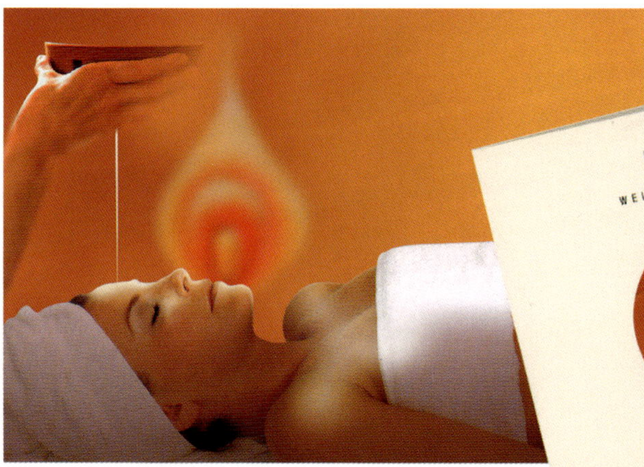

Danke sagen mit einer ayurvedischen Ölmassage

CHI YANG, entstanden aus dem Naturwissen der Hochkultur des alten China, bereichert mit unseren Vorstellungen über Pflege und Kosmetik, ergänzt AyurVeda auf ideale Weise.
Gerade in der Gestaltung des harmonischen AyurVeda-Tages (Seite 94) unterstützen CHI YANG WELLNESS-Präparate das allgemeine Wohlbefinden und helfen zusätzlich bei der Pflege der Haut.

KLAPP CHI YANG WELLNESS BALANCING BATH für Vata und Pitta

Sie fühlen sich nach einem aufreibenden Tag so richtig ausgepowert? Oder möchten Sie mit einem ausgleichenden Wellness-Bad in Ihren AyurVeda-Tag starten?
Steigen Sie ein in das Reich des Wohlgefühls und genießen Sie die ausgleichende Kraft von BALANCING BATH. Verwöhnen Sie Ihre Haut und Ihre Seele mit einem reichhaltigen Milchbad, das mit Extrakten von Molke, Algen und der Dattelfrucht als angenehm pflegendes und gleichzeitig Feuchtigkeit und Wellness spendendes Badeerlebnis geschätzt wird.

CHI YANG und AyurVeda ergänzen sich zu einem vollkommenen Wellness-Komplex

KLAPP CHI YANG WELLNESS ENERGIZING BATH für Kapha

Sie möchten Ihrem AyurVeda-Tag einen besonderen Start-Impuls geben? Oder Sie brauchen einfach mal zwischendurch einen Energieschub, der Sie aus einer Lethargiephase heraus führt?
Aus dem kräftigenden und aufbauenden ENERGIZING BATH werden Sie frische Energien schöpfen und mobilisieren. Sie fühlen sich danach als neuer Mensch und werden den Tag entspannt und aktiv meistern.

KLAPP CHI YANG WELLNESS
FIRMING BUST LOTION für alle Doshas

Ein schönes Dekolleté, ein schöner Busen verlangt nach besonderer Aufmerksamkeit. AyurVeda sieht Schönheit und gutes Aussehen in einer gepflegten und feinen Haut. Nach der Ölmassage wird die reichhaltige, pflegende und zugleich kräftigende Busenlotion in sanften Kreisbewegungen aufgetragen.

Die intensiven Wirkstoffe der chinesischen Hiobstränen wirken zusätzlich verstärkt bei trockenen Hautpartien der Vata-Frauen. Die das stützende Collagen- und Elastin-Bindegewebe schützenden Biopeptide sind die Träger dieses straffenden Pflegekomplexes.

KLAPP CHI YANG WELLNESS
BODY CONTOUR GEL für alle Doshas

In einem gepflegten Körper wohnt auch ein zufriedener Geist. BODY CONTOUR GEL ist die ideale Formulierung für eine festere und straffere Hautsilhouette.

CHI YANG

KLAPP

FACE
BODY

Die die Durchblutung anregenden und Fett spaltenden Wirkstoffe unterstützen den Abtransport schädlicher Ablagerungen aus dem Gewebe. Die Wirkung der AyurVeda-Heißwasser-Kur, die Schlacken und Schadstoffe löst und abschwemmt, wird von außen deutlich unterstützt.

Reiche und pflegende Seidenproteine verleihen der Haut zusätzlich Energie. Sie wird sich schon nach kurzer Zeit angenehm seidig und zart anfühlen und mit einem jugendlich glatten Aussehen Attraktivität ausstrahlen.

ATMOSPHÄRE MIT DUFTLAMPEN

Ätherische Öle, als Tropfen der Duftlampe zugegeben, können dem AyurVeda-Erlebnis eine zusätzliche besonders intensive Stimmungsnote verleihen.

Düfte stimulieren und wirken auf die Sinne ein

Jeder Dosha-Typus wird von seiner zu ihm passenden Duftnote beflügelt. Damit AyurVeda noch anregender auf die Sinne einwirken kann, agieren die folgenden Duftöle als regelrechte Katalysatoren:

VATA-Öle

Der Vata-Mensch mag Öle, die beruhigend und entspannend wirken. Ideal sind ätherische Öle aus Lavendel, Orangen, Rosenöl oder Weihrauch.

PITTA-Öle

Pittas, die oft unter gereizter oder irritierter Haut leiden, werden mit den ätherischen Ölen aus Geranie, Orange, Sandelholz oder Zypresse beruhigt. Gerade bei erhöhter Stressbelastung wirken die Düfte ausgleichend auf Geist und Körper.

KAPHA-Öle

Der Kapha-Typus reagiert zufrieden auf wärmende und stimulierende Öle und bevorzugt für seine Sinne den ätherischen Duft von Bergamotte, Ingwer, Rosmarin und Rosenholz.

Musik ist ein unerlässlicher Bestandteil in der ayurvedischen Lehre. Alle Ordnung dieser Welt, sogar die gesamte Harmonie des Universums, soll sich auf die unendliche Musik der Natur gründen.

Jede Tageszeit hat ihre eigenen Melodien und Klänge

Musik aus der AyurVeda-Hochkultur

Über die Jahrhunderte wurden die ursprünglichen Melodien der ceylonesischen AyurVeda-Musik in den Familien von Generation zu Generation weiter gegeben. Gespielt auf den klassischen, uralten Instrumenten, wirken sie gegen Stress-Symptome und Nervosität. Unser Hörempfinden wird angeregt, der Geist stimuliert.

Jede Tageszeit kennt ihre eigenen Melodien. Zwei bis drei Mal am Tag für kurze Zeit die passende Musik abgespielt – ein ausgleichendes Feeling für die Sinne.

AyurVeda zu Hause

Ihre Reise ins Ich

•

Wasser ist
zum waschen da

•

Ihr AyurVeda-Tag
zu Hause

•

AyurVeda – Ausgleich
am Arbeitsplatz

Gehen Sie auf eine AyurVeda-Reise, bei der es viel zu entdecken gibt. Sie können sich von einer fest gefahrenen Geisteshaltung befreien, die Ihr bisheriges Leben gefangen gehalten hat. Ihre Arbeit, Ihr Beruf, Ihr Terminkalender, es allen Menschen immer recht machen zu wollen, waren bis heute die bestimmenden Attribute.

Gegen die Schwächen des täglichen Lebens

AyurVeda macht Ihren Kopf frei, Bewusstsein und Emotionen erreichen eine neue Qualität und trotzen den Fallstricken des Alltags. Von den Schwachstellen Ihres Lebens lassen Sie sich nicht mehr so leicht ausbremsen. Sie werden schnell erkennen, wie wohl Sie sich in Ihrer neuen Haut fühlen. Denn Sie werden ganz bewusst mehr Zeit dafür aufbringen, um Problemchen und Probleme konsequent anzugehen und zu lösen. Und es ist ja bekannt, dass die Haut Spiegelbild der Seele sein kann. Körperliche und geistige Ausgeglichenheit zeigen sich mit einem deutlich frischeren und zarteren Teint.

Die Haut ist das Spiegelbild Ihrer Seele. Vergessen Sie nicht, diesen Spiegel regelmäßig zu putzen

Haben Sie eine AyurVeda-Ölmassage in der Kosmetikkabine genießen können und haben Sie den ersten Wellness-Tag mit AyurVeda zu Hause als ein entspannendes und harmonisierendes Feeling erlebt, setzen Sie es unbedingt – wenn möglich zu fixen Zeiten – immer wieder fort. Auch wenn es ‚nur' ein AyurVeda-Abend werden sollte – einige Stunden genügen, um Geist und Körper auszugleichen und Regenerations-Freiräume zu schaffen. Das Schlimmste, das Ihnen passieren kann, ist, dass Ihre alten Gewohnheiten und Hindernisse Sie wieder einholen und somit blockieren. Das darf nicht sein!

Für einen Tag, für einige Stunden nur sich selbst gehören.
Träumen können, wie es beliebt.
Sich durchhängen und die Seele baumeln lassen.
Mit einem Verwöhnprogramm, das Haut, Seele und Körper gleichermaßen einbezieht. Und harmonisiert.
Der Weg ist schon das Ziel: Entspannung genießen und neue Energien tanken. Für das Morgen. Für die kommende Zeit.

Wasser ist in der ayurvedischen Lehre viel mehr als nur ein, wie wir es alle von den Versen eines Liedes kennen, profanes Reinigungsmittel. Wasser soll bei AyurVeda heilen. Zumindest aber die physische Leistungsfähigkeit erhöhen und Denkvorgänge beschleunigen. Für die Haut und für die Haare ist Wasser eines der ältesten Schönheitsmittel, das wir kennen.

Wasser will zubereitet sein

Zuerst kommt es auf das richtige Wasser und die richtige ‚Zubereitung' an. Normales Leitungswasser ist in unseren Breiten von hoher Reinheit, trotzdem können Restschadstoffe, die aus Bodendüngung, Industrie- und Abfallbelastung gelöst werden, den hohen Reinigungsgrad beeinträchtigen.

Mineralwasser mit Kohlensäure ist keine Alternative. Das meist nachträglich zugesetzte Gas verstärkt das Vata in unserem Körper, von dem eh oft zuviel vorhanden ist. Alternativ ist ein stilles Mineralwasser empfehlenswert – probieren Sie aus der breiten Auswahl so lange, bis Ihnen ein Wasser wirklich schmeckt.

Das Geheimnis heißen Wassers

Heißes Wasser ist die Quelle für Lebenskraft, Gesundheit und Schönheit. Heißes Wasser – bis zu zwanzig Minuten lang gekocht – ist völlig rein und von allen Fremdstoffen befreit. Es transportiert Schad- und Schlackenstoffe, die wasserlöslich sind, aus dem Körpergewebe und lässt sie auf natürlichem Wege ausscheiden. Heißes Wasser – in kleinen Schlucken über den ganzen Tag verteilt getrunken – ist eine regelrechte Schönheitskur für Haut und

Heißes Wasser begleitet während des ganzen Tages

Körper. Die Hautstruktur wird von innen gereinigt, sie kann sich verstärkt auf die Aufnahme äußerer Pflegeunterstützung konzentrieren und sie verwerten. Im Zeitalter der Thermogefäße ist es kein Problem, Wasser über eine längere Zeit auf hoher Temperatur zu halten.

Ihr AyurVeda-Tag zu Hause

Heute ist ein besonderer Tag. Sie haben schon gestern abend Ihren Wecker ausgeschaltet. Von alleine werden Sie heute wach und genießen die Zeit bis zum Aufstehen im kuscheligen Bett. Es soll Ihr persönlicher Wellness-Tag sein. AyurVeda aus Ceylon und Chi Yang aus Fernost werden Sie so richtig verwöhnen.

Ein neuer Tag beginnt

Nach dem Aufstehen gehen Sie zum Schlafzimmerfenster oder auf den Balkon und begrüßen mit einer kleinen Dehnübung das Licht des neuen Tages. Ob es draußen warm oder kalt ist, trüb oder sonnig – heute sind Ihre Sinne einzig und allein auf Wohlgefühl programmiert. Zur Auflockerung der Schultergelenke lassen Sie Ihre Arme in weitem Bogen kreisen, dann schwingen Sie Kopf und Rumpf nach links und rechts und beugen Ihren Körper von der Hüfte abwärts zur Seite. Sie merken, wie neue Lebensgeister in Ihnen geweckt werden.

Bereiten Sie jetzt in völliger Ruhe Ihren AyurVeda-Tag vor. Zelebrieren Sie jedes einzelne Detail ohne sich unter Zeitdruck zu setzen, denn Zeit werden Sie heute genug haben. Schalten Sie gleich Ihr Telefon auf Anrufbeant-

worter, den Rufton so leise wie möglich und die Türglocke ganz aus. Das Licht in allen Räumen soll zu einer angenehmen Atmosphäre werden: Rollläden schließen und Licht dimmen, zumindest die Sonne nicht direkt einstrahlen lassen.

Auf Ihrer AyurVeda-Musik-CD suchen Sie sich eine Stelle, die für den Morgen zu Ihnen passt, denn die Sinne empfinden Musik zu jeder Tageszeit anders. Sie sehen und hören schon, wie traumhaft das Flair in Ihrer ‚Wellness-Oase' heute wird. Mehrere Duftlampen stellen Sie in den Räumen, die Sie betreten werden, auf. Natürlich mit den Aromen, die zu Ihrem Dosha passen (Seite 82, 83).

Das Wellness-Bad als Start-up

Das Wellness-Bad als Elixier für die Haut und die Sinne

Bereiten Sie grundsätzlich eines nach dem anderen vor, damit Sie alles richtig genießen können. Denn zwei Dinge gleichzeitig tun, heißt, sich konzentrieren zu müssen – und das strengt an. Kochen Sie sich Ihr AyurVeda-Wasser für den ganzen Tag und füllen Sie es in ein Thermogefäß ein. Ihren Dosha-Tee (Seite 113, 115) gießen Sie in aller Ruhe auf und lassen ihn ziehen. Jetzt erst fließt Badewasser in der für Sie angenehmsten Temperatur in die Wanne. Je nach Dosha geben Sie als Bade-Elixier CHI YANG WELLNESS ENERGIZING BATH (Kapha) oder CHI YANG WELLNESS BALANCING BATH (Vata, Pitta) hinzu und verteilen letztlich Rosenblätter zur Verfeinerung des Badeerlebnisses auf der Wasseroberfläche.

Zwanzig Minuten lang werden Sie dieses Morgenerlebnis genießen. Lassen Sie sich betören von den feinen Ingredienzien des Wellness-Bads, dazu noch das orientalische Odeur der Duftlampen, im Hintergrund leise, angenehme

Musik und immer griffbereit den Kräutertee, den Sie in kleinen Schlückchen trinken.

Kurzes Einhalten vor dem Frühstück

Nach dem Bad suchen Sie in Ihrer Wohnung Ihren Lieblingsplatz auf und im die Haut trocknenden Bademantel meditieren Sie eine Weile. Vergessen Sie alles, was Sie gestern noch bedrückt hat, lassen Sie Ihre Sinne genießen, was sie verspüren. Sie entspannen, relaxen und fühlen sich so richtig wohl. Freuen Sie sich auf das Frühstück, das Sie sich verdient haben.

Mal richtig ayurvedisch frühstücken

Apropos Frühstück: Jetzt ist Ihr Geschmack gefragt. Entweder entscheiden Sie sich für ein typisch ayurvedisches Frühstück (was zu empfehlen ist) oder für Ihr gewohntes. Das AyurVeda-Frühstück besteht aus einer Wasser-Reis-Suppe, Tee und der Tambul-Körnermischung mit dem besonderen Aroma. Sollte dieser Frühstücksplan doch nicht so ganz Ihren Geschmack treffen, bleiben Sie bei Ihrem Lieblingsfrühstück, aber bitte kein in Speck gebratenes Rührei und auch keinen Kaffee. Vielleicht können Sie sich ja trotzdem für ein vegetarisches Frühstück entscheiden. Anschließend spülen Sie traditionsgerecht den Mund mit reinem Wasser aus.

Die AyurVeda-Ölmassage für Haut und Seele

Gestärkt, aber ohne Völlegefühl, werden Sie jetzt AyurVeda pur genießen. Betrachten Sie die AyurVeda-Ölmassage als ein tolles Geschenk, das Sie Ihrer Haut, Ihrem Körper und Ihrem Geist überreichen. Lassen Sie Ihre Haut ein angenehmes Gefühl spüren und genießen Sie, wie sich in Ihrem Inneren Harmonie und Regeneration wohltuend ergänzen.

Wertvolle Öle dringen in die Haut ein, reinigen von außen und wirken verstärkt nach innen. Ölmassagen sind

seit Urzeiten ein Garant zur Erhaltung von Schönheit, gutem Aussehen und jugendlicher Frische.

Dieses Ritual zur Hamonisierung von Körper und Geist, Haut und Seele zelebrieren Sie sanft auf dem ganzen Körper. Sie spüren die Kraft des Kräuteröls, das in seinem Reifeprozess über Monate die Sonne Ceylons eingeschlossen hat. Und diese Energie der Sonne fließt nun direkt in die Haut – ihr neuer, seidiger Glanz wird überraschen. Sie selbst genießen Wohlbehagen und werden Ihre Freude an diesem einzigartigen Wellness-Feeling haben. Und vergessen Sie nicht, immer wieder mal einen kleinen Schluck heißen Wassers zu trinken.

Wärme von innen und außen umschmeichelt Sie

Lassen Sie das AyurVeda-Öl in Ihre Haut einziehen und entspannen Sie sich dabei. Träumen Sie bei Musik und Düften, die Ihre Sinne umhüllen, und erfrischen Sie sich zwischendurch mit Tee und heißem Wasser. Angenehme Wärme von innen und außen lässt Harmonie und Geborgenheit fühlen.

AyurVeda für Ihr Gesicht

Nach der Ruhepause wird die Gesichtshaut behandelt. Der trockenen Haut (Vata), der empfindlichen (Pitta) oder der fettenden (Kapha) werden wertvolle Ingredienzien aufgetragen, die den Dosha-typischen Irritationen entgegen wirken und zu einem feinen, gepflegten Hautbild führen sollen.

Das tägliche Muss

Sanft auf Gesicht und Hals aufgetragen, wirkt die KLAPP AYURVEDA PFLEGE intensiv auf die Haut ein. Ein tägliches Muss für Ihr gutes, jugendliches Aussehen – und das nicht nur an Ihrem AyurVeda-Tag!

Zeit für den Mittagstisch

Bereiten Sie jetzt Ihr Mittagessen vor, Pizzaservice ist natürlich tabu! Sie haben sich einen frischen Tee gekocht, die Musik-CD gewechselt und wieder neues, heißes Wasser in die Thermoskanne eingefüllt. Wie schon gesagt, soll das heiße Wasser während des gesamten Tages konsequent getrunken werden. Dabei ist nicht die Menge, sondern die Häufigkeit entscheidend.

Das Mittagessen ist für jeden Dosha-Typ ein individuelles Ereignis

Als Vata bereiten Sie sich ein leichtes Mittagessen vor, gewürzt mit Basilikum und Lorbeer, Fenchel, Majoran, Oregano, Paprika oder Petersilie. Auf Gebratenes werden Sie verzichten, gekochte Haferflocken oder Reis passen zu Gemüse aus Artischocken, Spargel, Rote Bete, Salatgurken, gekochtem Spinat oder auch gekochten Tomaten. Verzichten Sie an Ihrem AyurVeda-Tag nach altceylonesischer Tradition auf Fleisch-Kost. Mit etwas Hütten-, Ziegen- oder auch Weichkäse können Sie Ihr Mittagsmahl beenden.

Pittas ist mehr Rohkost als gekochtes Essen zu empfehlen. Erst eine Gemüsebouillon, danach gedünstetes Putenfleisch oder gekochter Süßwasserfisch mit Salatgurke, Sellerie, Zucchini, Kohl oder Artischocken und als Dessert etwas Obst. Äpfel, Aprikosen, Beeren, Melonen, Orangen, Birnen, Ananas – Pittas können aus dem Obstkorb greifen. Ein Gemüsesaft wäre zu Obst eine adäquate Alternative. Lassi, ein milder Joghurt mit zwei bis vier Teilen Wasser verquirlt, ist ein leckeres Dessert.

Für den Kapha-Typ gibt es heute Gekochtes, denn er meidet Fette und Öle – außer wenn sie scharf gewürzt sind. Gekochtes Gemüse von Artischocken, verschiedenen Kohlsorten, Karotten, Rosenkohl, grünen Bohnen, Lauch, Erbsen, Spinat – alles pikant gewürzt mit schwarzem indischen Pfeffer, aber auch mit Meerrettich, trockenem Ingwer, frischem Knoblauch und Senf. Zum Dessert runden Äpfel, Aprikosen, Birnen und Kirschen den Speiseplan ab. Milchprodukte sind überhaupt nicht zu empfehlen.

Mittagsruhe als Intermezzo

Sie haben ayurvedisch gespeist, Ihren Mund wieder mit reinem Wasser gespült und gönnen sich jetzt einen erholsamen Mittagsschlaf, der ruhig um die zwei Stunden währen kann.

Nachdem Haut, Sinne, Gesicht und Hals – und natürlich auch Ihr Magen – das AyurVeda-Feeling genießen konnten, schließt sich nach der Mittagsruhe der Körper an.

Weibliche AyurVeda Body Feelings

In sanften, kreisenden Bewegungen wird die BUSEN-LOTION von CHI YANG WELLNESS auf Busen und Dekolleté aufgetragen. Intensive Wirkstoffe aus den Naturgärten des fernen Ostens kräftigen und unterstützen die körpereigene Collagen- und Elastin-Struktur.

Das heiße Wasser, das Sie während des Tages trinken, löst Schlackstoffe und Ablagerungen und transportiert sie aus dem Gewebe heraus. Unterstützt wird die Aktion von außen mit dem BODY CONTOUR GEL von CHI YANG WELLNESS, das mit durchblutungsanregenden und fettspaltenden Wirkstoffen eine festere und straffere Hautsilhouette fördert. Cremen Sie in langsamen Bewegungen pflegende Seidenproteine auf Ihre Körperhaut. Sie spüren, wie schnell sie sich seidig und geschmeidig anfühlt.

Wunderbare, exotische Ingredienzien
umschließen Ihre Haut.
Orientalische Düfte begleiten Sie
in eine märchenhafte Welt.
Ihre Sinne sind ganz
auf AyurVeda eingestimmt.

Ihre Haut lebt auf.
Sie spiegelt die Harmonie
Ihres Körpers
und Ihrer Seele wider.
Zu Ihrer Freude und
Ihrem gepflegten
Aussehen.

Der AyurVeda-Tag klingt aus

Lassen Sie sich – bis Sie müde werden – von den Düften der Öle, von den entspannenden Klängen der Musik und von dem genüsslichen Geschmack Ihres Tees verwöhnen. Ein Vitaminsaft oder etwas Obst mit Vollkornbrot genügen als Abendessen.

Diesen schönen Tag, dieses besondere Erlebnis lassen Sie jetzt noch einmal Revue passieren. Freuen Sie schon auf die nächste AyurVeda-Ölmassage in der Kosmetikkabine und auf den nächsten AyurVeda-Tag, den Sie in völliger Ruhe wieder genießen werden.

AyurVeda - Ausgleich am Arbeitsplatz

Eine lange Zeit unseres Lebens verbringen wir am Arbeitsplatz. Es liegt also nahe, sich auch dort ein angenehmes Ambiente zu schaffen. Dies wird mehr als nur dem persönlichen Wohlergehen dienen, der berufliche Erfolg und das Wohlfühlen während der Arbeit werden gefördert.

Graue, triste Arbeitstage machen unwohl und schlapp. Jedes Wetter schlägt sich irgendwie im Gemüt nieder, es beeinflusst Stimmungen und Launen. Doch das muss nicht sein. Zeigen Sie dem Miesepeter, dem Griesgram die rote Karte und setzen Sie Ihren kreativen Motor in Bewegung. Sie fühlen sich ausgeglichener, offener, kollegialer.
Nehmen Sie einfach AyurVeda mit zu Ihrem Arbeitsplatz. Dabei ist völlig egal, ob Sie am Fließband, im Lager, in der Buchhaltung, im Chefsekretariat arbeiten oder Ihr

eigener Chef sind. Bringen Sie von zu Hause Ihre beiden Lieblingstassen mit – eine für heißes Wasser, die andere für Tee. Kaufen Sie sich eine wunderschöne Thermoskanne, die zu Ihrem Dosha passt: Vatas bevorzugen extravagante Aufdrucke, Pittas ein metallisch glänzendes Designer-Exemplar, Kaphas ein solides, nicht ganz so auffälliges Stück. Bringen Sie Ihr heißes Wasser, das Sie zu Hause etwa zwanzig Minuten haben kochen lassen, in der Thermoskanne mit. Und auch Ihren Dosha-Tee, die Tambul-Körner, ein stilles Mineralwasser für zwischendurch, natürlich etwas Obst und auch Ihr vorgekochtes AyurVeda-Gericht, das auch kalt schmeckt.

Zelebrieren Sie Ihr heißes Wasser wie ein Glas Champagner

Heißes Wasser, Tee, Tambul

Kochen Sie sich in jeder Pause einen Tee, der Sie immer wieder aufs Neue stimuliert. Trinken Sie so oft Sie können in kleinen Schlückchen das heiße Wasser und essen Sie zwischendurch immer mal eine Handfläche voll mit Tambul-Körner.

Fünf Minuten Meditation ist wie ein erholsamer Mittagsschlaf

In der langen Pause wärmen Sie Ihr AyurVeda-Gericht oder essen es kalt. Da es fettarm ist, dürfte es kein Problem sein. Während jeder Pause versinken Sie für fünf Minuten in eine entspannende Meditation. Alles vergessen, was Sie umgibt. Abschalten. Sich selbst sein. Auftanken. Wer seinen Beruf im Sitzen ausübt, hängt noch ein paar Streckübungen und Kniebeugen an. Oder legt auch mal die Füße hoch (Amerika lässt grüßen).

AyurVeda wirkt ansteckend

Halten Sie diesen Lebensstil während Ihrer Arbeitszeit konsequent ein. Auch wenn Sie von Ihren Kolleginnen und Kollegen anfangs noch belächelt werden sollten. Je länger Sie durchhalten, umso mehr Nachahmer werden sich mit Ihnen solidarisch fühlen. Denn AyurVeda und gutes Feeling wirken einfach ansteckend.

AyurVeda in der Ernährung

VI.

Peppermint
and
Lemongrass
Blend Tea
4oz

Ayurvedische Ernährung
•
Ayurvedische Nahrungsergänzung

Düfte, Aromen und Geschmäcker spielen bei AyurVeda eine besondere Rolle. Sind sie richtig ausgewählt, wirken sie sehr intensiv auf unser Bewusstsein und können unser inneres Gleichgewicht harmonisieren. Dazu gehören auch die Mahlzeiten, die wir täglich zu uns nehmen.

Essen ist nicht gleich Essen

Vatas brauchen geregelte Essenszeiten

Vatas sollten – wenn es auch so verlockend sein mag – alles Gebratene meiden. Sie nehmen die Mahlzeiten immer zu festen Zeiten ein, Snacks zwischendurch sind zu meiden. Basilikum und Lorbeer, Fenchel, Paprika, Petersilie, Grüne Minze, aber auch Majoran und frischer Ingwer sind die Gewürze, mit denen Vatas bestens harmonieren. Als Hauptnahrung sind gekochte Haferflocken, Kürbiskerne sowie alle Reissorten ideal. Artischocken, Spargel, Karotten, Zucchini, Salatgurke, Kürbis, Rettich, gekochte Tomaten und süße Kartoffeln sind optimale Energiespender. Vatas bevorzugen als Obst Aprikosen, Beeren, Kirschen, Zitronen, Limonen, auch Ananas, Melonen, Orangen, Erdbeeren und Rhabarber. Käse und andere Milchprodukte sollten nur in geringen Mengen gegessen werden.

Pittas sind die idealen Rohverzehrer

Pitta-Menschen meiden scharf gewürzte oder auch saure Speisen. Gebratenes ist ebenso auf keinem Pitta-Speiseplan zu finden. Rohkost ist für Pittas die gesündeste Form der Ernährung. Basilikum, Koriander, Dill, Fenchel, Minzeblätter und frischer Ingwer sind die Lieblingsgewürze der Pittas. Gerste, Basmati-Reis, Sonnenblumenkerne, Weizen, schwarze Bohnen, Kichererbsen, aber auch Süßwasserfisch, Pute und Hase passen zum Pitta-Speiseplan. Rohes Gemüse wie Rosenkohl, Spargel,

Brokkoli, Zucchini, Sellerie, Lauch, Kopfsalat, Pilze und Zwiebeln passen ausgezeichnet zu Pittas. Äpfel, Kirschen, Avocados, Birnen, Ananas, Pflaumen, rote Trauben und Wassermelonen bringen zusätzlich Vitamine auf den Tisch.

Kaphas sind die wahren Epikureer

Kaphas sind eingefleischte Köche, die ab und an auch mal an Salat denken sollten. Fette und Öle sollten besser gemieden werden, außer wenn sie mit pikanter Würze gebunden sind. Scharfer, indischer Pfeffer, Meerrettich, Senf, Petersilie und andere scharfe Gewürze sind für den Kapha-Gaumen wie geschaffen. Körner wie Gerste, Buchweizen, Roggen und Mais gehören ebenso auf den Tisch wie auch Kichererbsen und rote Bohnen. Als Fleischgerichte sind Pute, Hase und Rehwild zu empfehlen. Aus der See gibt es nur Shrimps. Gemüse aus Artischocken, Rosenkohl, Brokkoli, Sellerie, Fenchel, Spinat und auch Kopfsalat sind die wahren Energiespender, die sich mit Äpfeln, Aprikosen, Birnen und Pfirsichen ergänzen.

Ayurvedische Nahrungsergänzung

‚Den Alltag mit Leichtigkeit bewältigen,
die Gesundheit bewahren und
mit einer schönen Haut Zufriedenheit erreichen'

Ayurvedische Nahrung verlangt in ihrer Herstellung ein besonderes Feingefühl. Maschinelle und manuelle Prozesse ergänzen sich so, dass letztendlich die traditionelle Kräuterkunde unangetastet bleibt. Mit dem Ziel, einen modernen Qualitätsstandard zu sichern, der die uralte Tradition des ayurvedischen Wissens bewahrt und auch die Nahrungsergänzung transferiert.

Kräutertees

Aus dem uralten Wissen des AyurVeda schöpfen die Teemanufakturen ihr Wissen über die ideale Zusammensetzung ihrer Sorten, die auf die Mentalität der Doshas abgestimmt sind. Edle Hölzer wie Sandelholz, Cyperngras, Vetivergras und schwarzer Kardamom vereinen sich mit feinen Kräutern zu einem vorzüglichen Aroma.

AKASH – Himmel

Mit der Würze des Ingwers und den aufbauenden Eigenschaften des Basilikums befreit der AKASH-Tee von Blockaden des täglichen Lebens. Kapha-Trägheit und Vata-Abgespanntheit werden regelrecht weggetrunken.

BHUMI – Erde

Eine Teemischung, die tiefgreifende Ruhe und Kraft verleiht, um mit der Natur, der Erde und sich selbst eine intensive Harmonie zu finden.

Die spezielle Zusammensetzung dieser Mischung wirkt ausgleichend auf Vatas und Pittas.

AMBU – Sommerregen

Das Frischegefühl weckt neue Vitalität wie ein willkommener Schauer an einem schwülheißen Sommertag. Versüßt mit Süßholz, kühlend und aromatisch durch Sandelholz – der AMBU-Tee ist ein wahres Wundergetränk für gestresste Pittas.

NIRAM – Balance

Milde, aromatische Kräuter und edle Hölzer lösen psychische Blockaden und wirken reinigend auf Geist und Körper, die ganzheitliche Harmoniestruktur wird nachhaltig gefördert. Ausgleichend wirkt dieser Tee auf Pittas und Kaphas.

ANAMAY – Wohlbefinden

Unbeschwert, einfach glücklich durchs Leben gehen, jeden Tag in seiner grenzenlosen Schönheit voll und ganz aufs Neue genießen.

Fenchel und Koriander sind die Basis des Anamay-Tees, der zum sinnlichen Genuss geradezu einlädt.

Ayurvedische Körnermischung TAMBUL

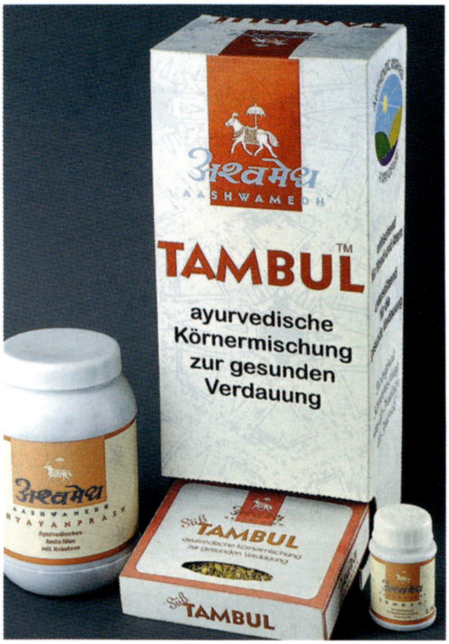

Hildegard von Bingen hat es vor sieben Jahrhunderten deutlich ausgedrückt: ‚Wer Fenchel oder seinen Samen täglich nüchtern isst, vermindert Mundgeruch und beugt Stoffwechselstörungen vor.'

TAMBUL besteht zum großen Teil aus dem geschmackvollen Fenchelsamen. Mit diesem natürlichen Digistivum sollte jede Mahlzeit beendet werden. Natürlich kann die TAMBUL-Körnermischung immer wieder mal zwischendurch als ‚Ayur-Veda-Snack' gekaut werden.

AyurVeda schöpft
große Kraft aus dem
Reichtum der Natur
und dosiert dieses
Geschenk so, dass
daraus Wohlgefühl
und Lebensqualität
wächst.

Diese Gabe der Natur
begleitet uns
überall mit ihren
Köstlichkeiten
auf dem Weg zu
körperlicher und
sinnlicher
Harmonie.

AMLA-MUS mit Kräutern

Eine Mischung aus insgesamt 39 Kräutern wirkt auf den

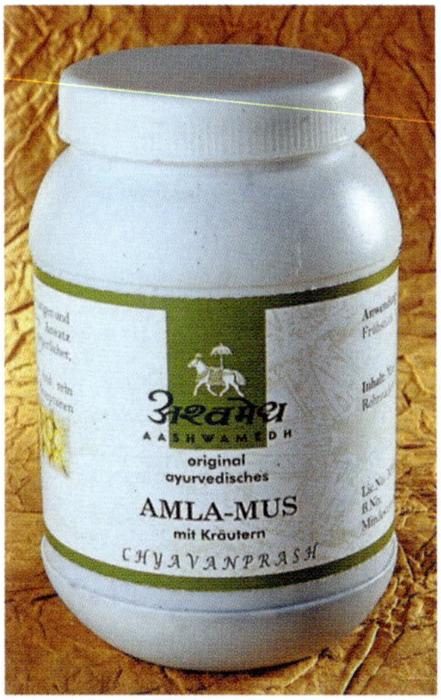

Körper wie ein hochaktives Lebenselixier. Mit Amla, der indischen Stachelbeere, wird hochdosiertes Vitamin C zugeführt.

Die Mixtur wertvoller Kräuter- mit anderen Pflanzenextrakten wirkt direkt auf die innere Harmonie unseres Körpers ein und beeinflusst auf besondere Art und Weise den gesamten Organismus.

Bezugsquelle für original ayurvedische Nahrungsergänzung:
AASHWAMEDH, Hardtstraße 42, 69124 Heidelberg
Telefon 06221-780635, Fax 06221-780624

VII.

Epilog
·
Index

Epilog

Als Sie DAS AYURVEDA BUCH für Wellness und Kosmetik kauften, hatten Sie bestimmte Vorstellungen oder Erwartungen. Vielleicht haben Sie sich schon vorher für AyurVeda interessiert, kannten es schon oder wollten eine neue, uralte Idee für Ihr Leben und Ihr gepflegtes, harmonisches Aussehen nutzen.

Sie haben das Buch jetzt gelesen und haben mehr über die Wechselwirkungen, Ergänzungen und Zusammenhänge von AyurVeda, Wellness und Kosmetik erfahren. Wenn Sie zu den Menschen zählen, die in der täglichen Tretmühle von Stress, Hektik und Zeitnot ihr Rad drehen und keine Chance sehen, dem zu entfliehen. dann sollten Sie ab heute, ab sofort umdenken.

Um Ihr zukünftiges Leben harmonischer zu gestalten, müssen Sie natürlich keinen radikalen Schnitt im Beruf oder in der Familie machen. Vielmehr sollten Sie sich Freiräume schaffen. Freiräume, die Ihnen Zeit und Möglichkeit geben, zu entspannen, abzuschalten, Wohlgefühl zu genießen und neue Energien aufzutanken.

Um das zu verwirklichen, brauchen Sie noch gar nicht mal eine Urlaubsreise nach Ceylon (Sri Lanka) zu buchen. Im Kosmetikstudio um die Ecke, in Schönheitsfarmen und Hotels können Sie bei uns Wellness pur erleben – mit AyurVeda, Chi Yang und Sung-Rei!

Wie Sie sich auch entscheiden werden, letztendlich profitieren Sie von allen Wellness-Erlebnissen. Sie und Ihr Körper, Ihre Sinne, Ihre Haut und natürlich auch Ihre Seele. Schieben Sie nichts auf, machen Sie den heutigen

Tag zu Ihrem ersten Tag, der Ihnen mehr Lebensqualität und Ausgeglichenheit verspricht.

‚Sein oder nicht sein', das ist hier nicht die Frage –
‚Wohlgefühl und Glück', das ist hier die Antwort.

Alles Gute auf Ihrem neuen Weg zur körperlichen und geistigen Harmonie. Und für eine Haut, um die Sie bewundert werden!

GERHARD KLAPP

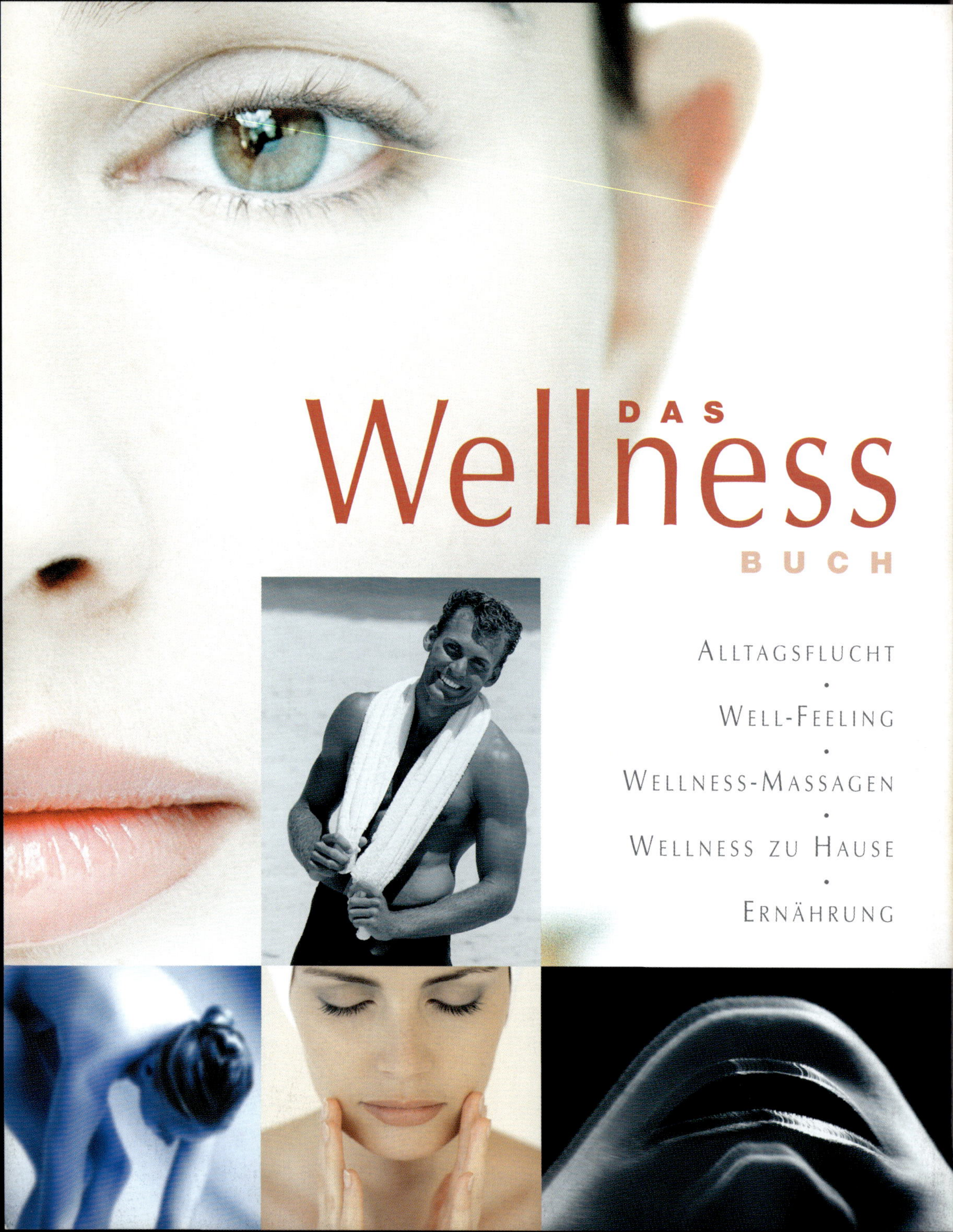

Das Wellness Buch

Alltagsflucht

•

Well-Feeling

•

Wellness-Massagen

•

Wellness zu Hause

•

Ernährung

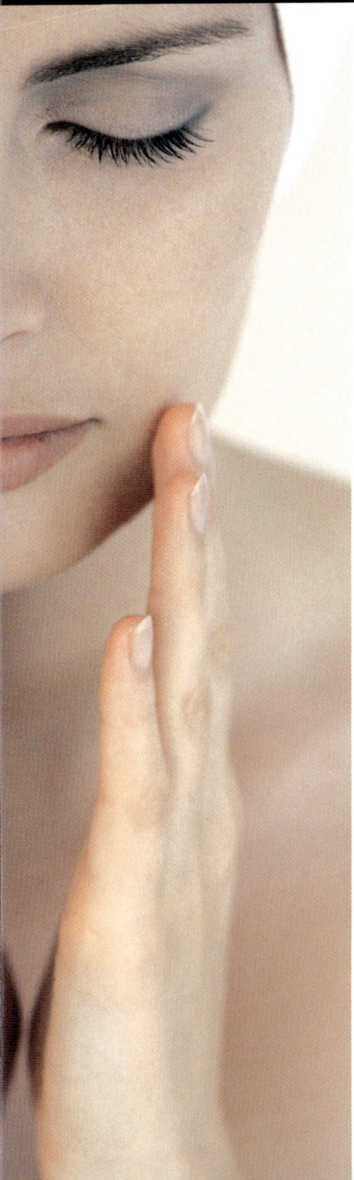

Das Wellness Buch

Wellness ist der Ausdruck eines modernen Lebensgefühls. Wellness ist weniger Zeitgeist, umso mehr steht Wellness für das bewusste Leben und die harmonische Balance von Geist und Körper, von Anspannung und Entspannung. Der Autor dieses Buches, Gerhard Klapp, analysiert als erfahrener Heilpraktiker und Kosmetikcreateur das gesamte Spektrum des Wellness-Erlebnisses im Zusammenhang mit Pflege und Schönheit und gibt Tipps, wie Wohlgefühl noch intensiver erlebt und empfunden wird.

Alltagsflucht

Die Symptome unserer rastlosen Zeit sind Stress und Hektik. Permanenter Druck auf Körper und Geist macht jedoch krank.

Well-Feeling

Körper und Geist suchen einen Ausgleich zur Tretmühle des Alltags. Doch dem beruflichen Stress kann sehr leicht auch ein Freizeitstress folgen. Was kann dagegen getan werden?

Wellness-Massagen

Wo kann Wellness entspannter und intensiver erlebt werden als in der Kosmetikkabine! Tausende Kosmetikstudios und Wellness-Farmen haben ihre Türen für Stressgeplagte geöffnet, die Streicheleinheiten für Haut, Körper und Seele suchen.

Wellness zu Hause

Der Wellness-Tag zu Hause ist ein ausgleichendes Erlebnis. Der Alltag bleibt draußen, das eigene Ich steht im Mittelpunkt.

Wellness-Ernährung

Falsche Ernährung kann schnell auf den Magen schlagen und Magenstress wird zum Ballast für Körper und Geist. Wellness-Ernährung basiert auf ausgewogener Kost, die leicht und nahrhaft ist.

Gerhard Klapp, der Beauty- und Wellness-Spezialist für die Kosmetikkabine, hat sein Wissen und seine Erfahrungen über Wellness in einem Buch festgehalten. Eine Lektüre für alle, die Wellness genießen wollen.
Für 19,90 EUR im Buchhandel erhältlich.

Geist und

auf dem

vollendeten